WEEO

WIESER ENZYKLOPÄDIE DES EUROPÄISCHEN OSTENS

Band 20.4

Panslawismus

Verfasst von
Wolfgang Geier

Wieser *Verlag*

Unser Dank gilt der *Erste Stiftung*, die die Herausgabe und Drucklegung dieses Bandes gefördert hat.

Der Wieser Verlag bedankt sich auch bei allen Subskribenten für das Vertrauen, das sie der WEEO entgegengebracht haben.

Wieser Verlag GmbH
Založba Wieser

•

Klagenfurt/Celovec · Wien · Ljubljana · Berlin
A-9020 Klagenfurt/Celovec, 8.-Mai-Straße 12
Telefon +43(0)463 37036 Fax +43(0)463 37635
office@wieser-verlag.com
www.wieser-verlag.com

Wieser Enzyklopädie des europäischen Ostens
Band 20.4: Panslawismus
Verfasst von Wolfgang Geier
Copyright © 2022 bei Wieser Verlag GmbH
Lektorat: Josef G. Pichler
Alle Rechte vorbehalten, insbesondere die auszugsweise
Wiedergabe in Print- oder elektronischen Medien
ISBN 978-3-99029-535-9

Inhalt

Vorwort *5*

Erstes Kapitel
Slawenkunde und Panslawismus vom 17. bis zum 19. Jahrhundert *11*

    1.1   Notizen zur Entstehung der Slawenkunde *11*
    1.2   Križanić und der Beginn panslawischer Vorstellungen *15*
    1.3   Europäische Aufklärung und bürgerliche Revolutionen *18*
    1.4   Kulturelles Erwachen und nationale Wiedergeburten *20*

Zweites Kapitel
Panslawismen im 19. Jahrhundert *23*

    2.1   Austroslawismus *24*
    2.2   Illyrismus *28*
    2.3   Polnischer Messianismus *32*

Drittes Kapitel
Panslawismus in Russland *39*

    3.1   Slawophile und Westler; großrussischer Messianismus *39*
    3.2   Danilevskijs groß-/panrussisch hegemoniales Programm *43*

Viertes Kapitel
Panslawismen im Übergang vom 19. zum und im 20. Jahrhundert *49*

Anhang

  Texte *55*
  Kommentiertes Personenregister *73*
  Auswahlbibliografie *79*

Vorwort

In bisherigen Beiträgen des Verfassers zu dieser Enzyklopädie wurden zwar kursorisch das Entstehen der Slawenkunde behandelt, jedoch die Umstände der Herausbildung besonderer Erscheinungsformen einer zunächst sprachlichen und kulturellen, schließlich ideologisch-weltanschaulichen, gewissermaßen pränationalen Identitätssuche in Gestalt von Panslawismen durch Gelehrte, Politiker, Publizisten, Schriftsteller und andere meist intellektuelle Vertreter slawischer Bevölkerungen und Bewegungen nur angedeutet. Deshalb werden nun hier die Entstehungen panslawischer Vorstellungen und Zielsetzungen im 19. Jahrhundert in einem Band der *Wieser Enzyklopädie des europäischen Ostens* gesondert dargestellt.

Im Zusammenhang mit der Herausbildung der Slawenkunde in einigen zum Teil schon eigenständig entstehenden wissenschaftlichen Disziplinen und mit bestimmten geschichtlich-gesellschaftlichen Umständen und besonderen kulturellen Bewegungen entstanden im 19. Jahrhundert in einigen osteuropäischen Regionen verschiedene Panslawismen: der Austroslawismus und der Illyrismus in der habsburgisch-österreichischen Monarchie, der polnische Messianismus im durch Russland, Preußen und Österreich geteilten Polen und der großrussische Panslawismus im zarischen Reich, der sich auch als eine Art europäischer Sendung mit globalem messianischem Anspruch und Auftrag verstand. Er brachte eigenartige Strömungen hervor, die sich so nur im russischen Geistesleben ausbildeten: eine irrationale, pseudoreligiös verbrämte großrussische Slawophilie und ihren behaupteten Gegensatz in Gestalt einer Europa-Phobie, die sich gegen alle tatsächlichen oder vermeintlichen Einflüsse besonders (west)europäischer Kultur und Zivilisation richtete.

Diese Panslawismen waren jedoch keine die Volksmassen erfassenden oder von ihnen getragenen Bewegungen, sondern sie wurden von Personen in kleinen Gruppen meistens bürgerlicher Herkunft, die wissenschaftlich oder künstlerisch tätig waren, vertreten. Die teilweise völlig verschiedenen, auch gegensätzlichen im Verlaufe des 19. Jahrhunderts entstehenden Panslawismen haben eine ideelle Vorgeschichte zwischen dem 17. und 19. Jahrhundert und russische ideologisch-politische Nachläufer am Ende des 20. Jahrhunderts. Dies wird abschließend kurz erwähnt, weil ihre gesonderte Darstellung eine thematisch hier nicht beabsichtigte umfangreiche zeitgeschichtliche Behandlung erfordern würde.

In den folgenden Kapiteln werden zeitgeschichtliche Umstände, Erscheinungsformen, Merkmale und Hauptdarsteller der Panslawismen behandelt. Dies wird hier zunächst mit einigen allgemeinen Bemerkungen eingeleitet.

Ideen und Programme, nach denen sich die nach ihren Ursprüngen, ethnischen Merkmalen, Sprachen, Kulturen und Lebensweisen ähnlichen oder verwandten slawischen Völkerschaften zu einer alle umfassenden Gemeinschaft zusammenschließen sollten, entstanden bereits in jenen Jahrhunderten oder Jahrzehnten, als die ersten gelehrten Personen geistlichen und weltlichen Standes ihre entsprechenden und folgend beschriebenen Studien und Pläne schufen und veröffentlichten. So entstand wohl der Begriff, die Bezeichnung **Pan**slawismus, mittels oder nach der aus dem Griechischen entlehnten Vorsilbe „pan" für „alles allumfassend".

Im Zusammenhang mit diesen Bestrebungen entstand eine bis in die Entstehung der kulturellen und politischen Bewegungen des Panslawismus im 19. Jahrhundert andauernde ethnische, etymologische und sprach- und kulturhistorische, auch kontrovers geführte Debatte um die Herkunft des Begriffs „Slawe". Es ging hierbei um die Klärung mehrerer Fragen: Etwa ob „Slawe" aus dem Lateinischen „sclavus" herzuleiten sei, also für Menschen bestimmter Bevölkerungen oder Stämme („Slawen") aus dem römischen, vorwiegend osteuropäischen Herrschaftsbereich gelten könne, die als „Sklaven" genommen und bezeichnet wurden.

Gelehrte aus der Entstehungszeit des Panslawismus beschäftigten sich in mitunter heftigen Auseinandersetzungen damit, ob „Slawe" von *slava* (Ruhm) oder von *slovo* (Wort) stamme oder wenigstens herzuleiten sei, wobei sich aus Gründen der Betonung der sprachlichen Ähnlichkeiten und Gemeinsamkeiten schließlich eine mehr oder weniger begründete, von Anton Linhart und anderen bevorzugte Herleitung von „*slovo*" durchsetzte.

Der Slowake Kollár, mit Kopitar einer der Begründer des Austroslawismus, hat dies in seinem Werk *Slavy Decera* (Die Tochter der Slawa, 1824) so ausgedrückt: Er lässt die *Göttin Slawa* sagen und fragen:

Verstreute Slawen, wir wollen uns zu einem Ganzen zusammenschließen und nicht länger bloß Fragmente sein. Laßt uns alles sein oder nichts.

Wer bist Du? Ein Russe, und Du? Ein Serbe, und Du? Ein Tscheche, und Du? Ich bin Pole.

Meine Kinder: Einheit! Sprecht nicht so, sondern sagt: Ich bin ein Slawe.

Dem Panslawismus gleichende oder ähnliche Erscheinungsformen entstanden in Bewegungen des nationalen Erwachens, der kulturellen Wiedergeburten nicht nur in (süd)östlichen, im Zusammenhang mit Herausbildungen nationaler Identitäten, den Nachwirkungen der Französischen Revolution und der antinapoleonischen Kriege, sondern auch in (mittel)östlichen europäischen Regionen. Im deutschsprachigen Raum bildete sich im Vorfeld der Romantik in politischen, staatsrechtlichen, meist literarischen und oft philosophischen Auffassungen der zum Panslawismus komplementäre Begriff und die Strömung eines „Pangermanismus". Daran waren neben anderen schon J. G. Herder und nach ihm E. M. Arndt und J. G. Fichte mit Reden und Schriften beteiligt. Herder löste die noch zu beschreibende sogenannte „Slawenbegeisterung" aus; Arndt und Fichte sowie ihre Gesinnungs- und Zeitgenossen teilten diese Sympathien so nicht, manche ihrer Äußerungen waren mehr deutschtümelnd-nationalistisch, einige ausgesprochen chauvinistisch und judenfeindlich.

„Panslawismus" wurde also auch als Sammlungs- und als Abwehrbegriff verstanden und verwendet – gegen als nationalistisch bezeichnete politisch-kulturelle Übergriffe wie „Pangermanismus", „Magyarisierung" oder „Russifizierung".

Bei der Herausbildung solcher „Panslawismen" wie des großrussischen, sich hegemonial und messianisch gebärdenden ist angebracht, auf Zusammenhänge zwischen der Entstehung seiner Eigentümlichkeiten sowie seiner Verbindungen mit der besonders sich im zarischen Russland mehr und mehr gewaltsam ausbreitenden Judenfeindschaft, dem Judenhass, hinzuweisen; die hierfür auch in andere Sprachen eingehenden Begriffe *pogrom* (physische Verfolgung und Vernichtung von Menschen) und *rasgrom* (Verwüstung und Zerstörung ihrer Lebensräume) stammen aus dem Russischen. Außerdem ist es erforderlich, auf ideologische und politische, nach dem Zerfall der UdSSR, den inneren Wirren seit 1990 und mit dem Amtsantritt Putins erfolgende Verwandlung des großrussischen Panslawismus in einen wiedererstandenen großrussischen Nationalismus, einen großrussischen geopolitischen Hegemonismus aufmerksam zu machen. Hier soll bereits auf zwei möglicherweise weniger bekannte Veröffentlichungen hingewiesen werden, die Untersuchungen enthalten, welche für das Verständnis des großrussischen Panslawismus wichtig sind: Helmut Walser Smith: *Fluchtpunkt 1941. Kontinuitäten der deutschen Geschichte*, Stuttgart 2010, sowie Walter Laqueur: *Mein 20. Jahrhundert. Stationen eines politischen Lebens*, Berlin 2011. Dies wird im folgenden dritten Kapitel näher erläutert.

Bei der Behandlung der „nationalen" oder regionalen Panslawismen (zweites Kapitel) werden Besonderheiten ihrer Entstehung genannt. Einleitend wird auf charakteristische Sachverhalte, Problem- und Konfliktlagen hingewiesen, welche die Welt der Slawen in den südost- und westeuropäischen Regionen durch teilweise unversöhnliche, oft gewaltsam ausgetragene Widersprüche verschiedener Art, Herkunft und Wirkung prägten.

Die Slawen in der habsburgischen Monarchie lebten teilweise getrennt durch religiöse, konfessionelle, sprachliche, kulturelle und rechtliche Unterschiede und Gegensätze, jedoch in einem im Vergleich zu anderen Bevölkerungsgruppen der Monarchie mehr oder weniger geregelten Nebeneinander. Ethnische Großgruppen wie die Slowenen waren nach Ansicht ihrer Geschichtsschreiber wie Linhart mit ihrer Lage in der Monarchie wohl überwiegend zufrieden; andere wie die Tschechen forderten mehr kulturelle und repräsentative Rechte, akzeptierten jedoch mit Vorbehalten die staatliche Form, wie Palacký dies erklärte. Kroaten und Serben waren durch ihre konfessionelle Zugehörigkeit (katholisch-orthodox), teilweise durch Unterschiede in der Schriftsprache (lateinisch-kyrillisch-glagolitisch), in den gesprochenen regionalen Idiomen, ihrer Lexik, Grammatik und Syntax, ihre davon geprägten Mentalitäten, Kulturen und Lebensweisen gekennzeichnet.

Im Leben dieser slawischen Großgruppen der Monarchie hatten zwar Probleme und Konflikte eine mitunter erhebliche ideologische Brisanz und Wirkung, sie wurden jedoch trotz aller Schärfe im Ganzen meistens friedlich ausgetragen und ausgleichend beigelegt.

Die Situation in Polen war grundlegend anders. Die östliche Hälfte war von Russland, ein westlicher Teil von Preußen, ein südlicher Teil von Österreich besetzt. Die Politik dieser Teilungsmächte war in ihren Herrschaftsgebieten unterschiedlich, in ihren Wirkungen auf die soziale und wirtschaftliche, kulturelle und politische Entwicklung, auf die Stimmungslagen von Mehrheiten der Bevölkerungen gegensätzlich.

Die Lage in den preußischen, nordwestpolnischen Gebieten galt im Ganzen als beruhigt. In den russischen ostpolnischen schwankte sie zwischen erbitterter, auch religiös begründeter Russenfeindschaft und teilweise obskuren Formen der „Verständigung" mit den Besatzern, mit Unterwürfigkeit und Kollaboration.

In den habsburgischen südpolnischen Gebieten fand eine kulturelle, wissenschaftliche und wirtschaftliche Entwicklung statt, die zu einem „Aufblühen Galiziens" führte, was im „Altreich" in Wien kritisch glossiert und kommentiert wurde.

Hinzu kam, dass sich nicht nur der polnische Adel im Gegensatz zu allen anderen Schichten der Bevölkerung als einziger Repräsentant der Nation, als „die Nation" schlechthin verstand und verhielt, sondern in sich ideologisch, politisch und gelegentlich bewaffnet bekämpfende Fraktionen und Konföderationen gespalten war: Es gab pro- und antislawische, pro- und antipolnische, pro- und antirussische usw. Gruppierungen, Haltungen und Handlungen; verschiedene Arten und Formen „nationalen" Widerstandes gegen Teilung, Fremdherrschaft und Unterdrückung, der Kooperation und der Kollaboration mit den Teilungsmächten.

Der großrussische Panslawismus oder panrussische „Messianismus" ist insofern eine extreme Ausnahme, als sich hier hegemoniale, imperiale und kirchlich-religiöse, auch quasi-rassistische Strömungen, gegen „Nicht-Russen", „nicht-orthodoxe" slawische Bevölkerungen gerichtet, später mit Judenfeindschaft und Nationalismen verbinden.

So sind die hier behandelten Panslawismen, der in der habsburgischen Monarchie entstandene Austroslawismus und der kurzlebige, räumlich und zeitlich begrenzte Illyrismus, der polnische Messianismus und der großrussische Panslawismus, in ihrer Entstehung, Dauer und Wirkung politisch und kulturell nur bedingt oder kaum vergleichbar. Gemeinsam war ihnen lediglich der wiederum höchst unterschiedlich begründete Anspruch, pan-, all-slawisch zu sein, also slawische Bevölkerungen und deren Identitäten zu repräsentieren und deren Interessen in bestimmten europäischen Regionen kulturell, rechtlich und politisch zu vertreten. Gemeinsam war ihnen ein anmaßendes Sendungsbewusstsein, dies als jeweils einzige mit einem ethnisch fragwürdig, sprach- und kulturwissenschaftlich elitären, teilweise restriktiv-religiös, quasi-philosophisch oder sonstwie „begründeten" Anspruch zu tun.

Bemerkungen zur Textgestaltung:
Wie schon im Bd. 20.3 Südosteuropa ist auch hier die enzyklopädisch-lexikalische Anlage bestimmt durch die belgisch-französische *histoire événementielle* (Pirenne, Braudel, Duby, Le Goff, Levebvre) sowie von britischen Geschichtsauffassungen (Toynbee, Trevelyan).
Das Ganze wird ergänzt durch einen Anhang mit einige Darstellungen ergänzenden Textauszügen, ein kommentiertes Personenregister und eine Auswahlbibliografie.
Wörtliche Zitate werden nicht mit „…", sondern ohne Anführungszeichen *kursiv* wiedergegeben. Hervorhebungen von Begriffen, die nicht Zitate sind, werden mit „…" gekennzeichnet. Überschriften erscheinen einheitlich (p-Größen, fett/kursiv), Fußnoten einfach hochgestellt.
Auslassungen werden nicht mit […], sondern einfach nur mit … gekennzeichnet.

Erstes Kapitel

Slawenkunde und Panslawismus vom 17. bis zum 19. Jahrhundert

1.1 Notizen zur Entstehung der Slawenkunde

Bereits Geo-, Ethno- und Historiografen im griechischen und römischen Altertum begannen, Völkerschaften zu beschreiben, die für die griechischen Autoren in den Gebieten der ihnen bekannten und von ihnen beschreibbaren bewohnten Welt (*oikumene*) lebten; für die römischen Autoren waren es die in vorwiegend nordwest- und südosteuropäischen, von Rom eroberten und beherrschten Randgebieten des *Imperium Romanum*.[1] Diese Völkerschaften wurden mit Namen bezeichnet, die verschiedene Ursprünge und Bedeutungen hatten. In römischen Aufzeichnungen erschien wohl erstmals, allerdings verstreut und nur gelegentlich, eine nach oder mit *sclavus* gebildete Bezeichnung. Sie entstand wahrscheinlich, weil es sich nach damaligen Ansichten um Menschen handelte, die aus den genannten Gebieten als *Sklaven* genommen wurden. Diese etymologische Erklärung ist jedoch weder gesichert noch unumstritten. Sie entstand wohl aus der Annahme, dass diese Menschen Sklaven, also Slawen seien. Dieser scheinbare Gleichklang wurde jedoch später verworfen. Mit den Anfängen der Herausbildung der Slawistik entstanden dann im 18./19. Jahrhundert andere Bezeichnungen, mit denen man versuchte, anthropologische und sprachliche Merkmale, das geo- und ethnografische Herkommen, Siedlungsgebiete, religiöse Vorstellungen, beobachtete Lebensweisen und Mentalitäten ethnografisch zu beschreiben. Das blieb so, bis am Beginn der Neuzeit in noch überwiegend vorwissenschaftlichen Beschäftigungen sich Begriffe bildeten und durchsetzten, aus denen dann später die allgemeinen, nun ethnografischen Bezeichnungen der Slawen, der slawischen Stämme, ihrer Sprachen und Kulturen wurden.

Die byzantinischen Geschichtsschreiber des 6. nachchristlichen Jahrhunderts (Isidor von Sevilla; Prokopios von Caesarea, Jordanes u. a.) erwähnen in ihren teilweise ausführlichen Schilderungen gotischer Völkerschaften einige Anhaltspunkte, mit denen gotische Vorfahren slawischer Stämme gemeint sein können. In den folgenden Jahrhunderten erscheinen Hinweise auf slawische Bevölkerungen wiederum vorwiegend in byzantinischen Quellen, in denen Angelegenheiten der Verwaltungsbezirke (Themen), Abgaben, Dienstleistungen, Steuern, des sozialen und religiösen Lebens, wie auch das Verhalten slawischer Stämme im Zusammenhang mit Aufständen, Kriegen beschrieben werden. Der byzantinische Kaiser Konstantinos VII.

---

[1] In den Historiai des Herodot (5. Jh. v. Chr.) werden im vierten Buch Melpomene bei den ethno- und topografischen Beschreibungen des östlichen und südöstlichen Europa und der Pontos-Euxinos-Region skytische Stämme mit eigenartigen Namen erwähnt, die mit einiger Vorsicht bereits als Bezeichnungen für Vorläufer slawischer Bevölkerungen angesehen werden können.

Porphyrogennetos erwähnt in *De administrando imperio* (10. Jh.) für seinen Sohn und Nachfolger bereits Stämme, die als in Südosteuropa lebende Slawen angesehen teilweise so oder ähnlich bezeichnet wurden. Es erscheinen erste Namensgebungen für Völkerschaften, die aus deren geografischen Herkunfts- oder Siedlungsgebieten sowie aus damals bekannten oder üblichen Selbst- oder Fremdbezeichnungen oder aus anderen sprachlichen Quellen gebildet wurden.

Die erste überlieferte, sich nur mit den Slawen beschäftigende Schrift stammt von dem ragusanischen Benediktinermönch, Würdenträger und dalmatinischen Geschichtsschreiber Mauro (Mauro, Mavar, Mavro, Mavrubir) Orbini: *Il Regno degli Slavi*, Pesaro 1601.

Mit *Regni* sind hier nicht slawische politische oder staatliche „Reiche", sondern Lebensbereiche slawischer Bevölkerungen vorwiegend in (süd)östlichen europäischen Gebieten zu gemeint.

Orbini benutzte neben anderen antike und mittelalterliche, wohl nicht mehr erhaltene Quellen, die zum Teil als häretisch von der katholischen Kirche verboten waren. Er verwendete unter anderem mündlich überlieferte Erzählungen und Langverse aus der zehnsilbigen dalmatinischen (serbischen) Volksepik und seine Schrift galt bis ins 19. Jahrhundert als Quelle für kroatische, serbische, bosnische, bulgarische, slowenische und ragusanische Geschichte sowie als Anregung für volkskünstlerische und episch-literarische Formen von Darstellungen der Schlacht auf dem Amselfeld im Juni 1389. Im 19. und 20. Jahrhundert wurde das Werk als nicht mehr zuverlässige Quelle textkritisch be- und verurteilt.

Vor Orbini gab es Bemühungen, die Missachtung und Vernachlässigung (süd)slawischer Sprachen zu überwinden. So wurde Juraj Dalmatins Bibelübersetzung, Wittenberg 1584, mit ihrer deutschen Vorrede von Kroaten und Slowenen gelesen. Dalmatin beklagt, *das die Windische Sprach nit in eim winckel verborgen*, sondern *in gantzem Crainland, under Steyer und Kärnten, sambt den angrentzenden Landen als Crabaten, Dalmatien und Windischer Marck* verstanden werde.

Faustus (Fausto) Vrančić gab 1595 in Venedig ein *Lexikon der fünf edelsten Sprachen Europas* – Lateinisch, Italienisch, Deutsch, Dalmatinisch, Ungarisch – heraus, in dem er hervorhob, dass das Kroatische unter den slawischen Sprachen die gleiche grundlegende Bedeutung habe wie das Toskanische für die Entstehung des Italienischen.

Orbini hatte bereits in seinem Werk *A'lettori* (An die Leser) betont: *per l'obligo, che tengo alla mia natione Slava, quanto fu sempre celebre e gloriosa questa natione* (Il regno degli Slavi; Pesaro 1601).

Er gehörte zu einer Generation südslawischer gebildeter geistlicher Personen um den Agramer katholischen Bischof Benko Vinković, die Franziskaner Stjepan Matijević, Rafael Levaković und den Jesuiten Juraj Križanić. Zu Orbini gibt es einige in Kroatisch und Serbisch in Belgrad erschienene, jedoch nur wenige anderssprachige Ausgaben. Miroslav Krleža hat Orbini in *Illyricum Sacrum* sowohl anerkennend als auch kritisch behandelt.

Nach Orbini war es erst fast zwei Jahrhunderte später Johann Gottfried Herder, der mit dem als *Slawenkapitel* bekannt gewordenen Teil des 16. Buches seiner *Ideen zur Philosophie der Geschichte der Menschheit*, 4 Bde., 1784–1791, eine sogenannte Slawenbegeisterung bei einigen Gelehrten und anderen Intellektuellen Europas und Impulse zur Entstehung der wissenschaftlichen slawistischen Disziplinen auslöste.

Die Auffassungen Herders zu kulturellen Ursprüngen der Entstehung eines slawischen „völkischen" Verbandes wie einer Nation korrespondierten mit der Entstehung zeitgleicher Bestrebungen und Bewegungen des *kulturellen Erwachens und der nationalen Wiedergeburten* (Kap. 1. 4) in Gruppen ost-/südosteuropäischer Intellektueller. Das erklärt, warum die Wirkungen Herders dort ungleich größer waren als im deutschsprachigen Raum. Es gab und gibt bis heute Zweifel der Art, ob Herder mit dem „Slawenkapitel" überhaupt panslawische Ideen und Strömungen ausgelöst habe. Seine Ansichten bedürfen kritischer Anmerkungen: Er kannte die Geschichte der Slawen offenbar nur aus den Studien Schlözers, Möhsens und anderer, die slawische Frühgeschichte wie die der russischen slawischen Völker war ihm kaum oder nicht bekannt. Er war mit Schlözer der Meinung, dass die Geschichte der Russen erst mit der Entstehung der Monarchie (des Zarentums?) beginne. Mangelnde Kenntnis zeigen seine Äußerungen zur geografisch-ethnischen Herkunft der Slawen und ihrer Hauptgruppen. Er beherrschte keine slawische Sprache und konnte so nur Sekundärquellen verwenden. Wesentliche Bereiche slawischer Kulturen und Lebensweisen, religiöse Vorstellungen, Gebräuche und Sitten fehlen in seinen Darstellungen. Hingegen zeichnete er ein Bild des „slawischen Volkscharakters", das idealisiert und romantisch verklärt war. Slawische Völker, wie er sie mangels anderer Einsichten sah, verkörperten in idealer Weise alle positiven Eigenschaften; waren friedliebend, anspruchslos, gastfreundlich, freigiebig, mildtätig, gehorsam, unterwürfig, im Gegensatz zu anderen Völkern wie den herrschsüchtigen, kriegerischen Deutschen, die slawische Bevölkerungen missachteten und unterdrückten.

So enthält dieser nur kurze Abschnitt mehrere geo-, ethno- und historiografisch unbegründete Annahmen, unsachliche Behauptungen, Fehler, Irrtümer und vermittelt ein verklärtes, idyllisches und romantisiertes Bild der Slawen (Auszüge im Anhang). Die Wirkung dieses „Slawenkapitels" ist wahrscheinlich auch damit zu erklären, dass ein verbreitetes Bedürfnis entstanden war, mehr über das noch „im Dunkel der Geschichte" lebende Volk der Slawen zu erfahren, und weil gegen Ende des 18. Jahrhunderts im Gefolge der europäischen Aufklärung das Interesse am „kulturellen Erwachen kleiner slawischer Völker" entstand und zunahm. Die Auffassungen Herders wurden zu seinen Lebzeiten heftig, so von Kant, kritisiert. Das lag auch an Herders Charaktereigenschaften und seiner Lebensführung.

Die erste Aufnahme und Verbreitung der Herder'schen Ideen über slawische Völker am Beginn des 19. Jahrhunderts fand trotz ihrer Unzulänglichkeiten bezeichnenderweise dort statt, wo bereits erste panslawistische Vorstellungen entstanden waren, bei polnischen, tschechischen und slowakischen, also slawischen Gelehrten, Publizisten und Schriftstellern.

Der Tscheche F. Durych übersetzte 1795 den Herder'schen Text in Latein und übernahm ihn in die von ihm mit gestaltete *Bibliotheca slavica*. In Polen erschien L. Surowiecki im Jahre 1809 mit einem *Vortrag über die Möglichkeit, die Geschichte und die Kenntnisse über die alten Slawen zu ergänzen*, und erweiterte dies mit einer Veröffentlichung in Jahre 1820.

Für die tschechischen Gelehrten J. Dobrovský SJ und F. Palacký waren die von Herder ausgehenden Impulse wichtig für ihre Begründungen der Slawistik als Wissenschaft.

Als deren Begründer sind – nach oder neben anderen wie Dobrovský und Palacký, die auch als „Väter der Slawistik" bezeichnet werden – Karl Gottlob von Anton, Anton Tomaš Linhart und Pavel Jozef Šafařik zu nennen. Sie unternahmen Studien über die historio-, geo- und ethnografische, insbesondere auch die sprachliche Herkunft und Bedeutung der Bezeichnung *Slawen* und beschäftigten sich besonders gründlich mit verschiedenen um die Wende vom 18. zum 19. Jahrhundert entstandenen Annahmen der Herkunft des Ethnonyms.

Karl Gottlob (von) Anton erörtert in der Vorrede zum ersten Teil seines Werkes und in einem ersten Abschnitt *Ursprung der Nazion, Von den Serben und Jazygen, Von dem Namen der Slawen* die ihm zugänglichen Quellen zur Geschichte der Slawen vom 6. Jahrhundert bis zu seiner Zeit (von Prokopios bis Fortis, Taube, Jordan, Dobner, Möhsen, Gatterer) und die damals verbreiteten verschiedenen Annahmen über die Herkunft ihrer Stammesnamen und kommt zu dem Schluss: *Ich war selbst der Meinung, daß sie ihren Namen von Slawa hätten.*

Allein durch eine genauere Prüfung und durch stärkere Gründe trete ich denenjenigen bei, die ihn von Slowo, das Wort, herleiten (Vorrede, S. 19). Er schließt sich damit Gatterers *Abriß der Universalhistorie* und anderen an, behandelt nach dieser Festlegung weitere Aussagen früherer und zeitgenössischer Gelehrter zu den slawischen Stämmen, ihrem Charakter und ihrer Bildung, ihren religiösen Vorstellungen und weiteren Merkmalen ihrer Lebensweisen. Diesen Schilderungen widmet er beide Bände, die vielfältige Quellenangaben von Schriften enthalten, die heute kaum noch auffindbar sind.

Anton beklagt mehrfach, dass ihm wichtige Quellen fehlen, und bittet, sie ihm zugänglich zu machen: *Ich würde mich glüklich schäzen, wenn ich durch diese Anzeige meine Wünsche erreichen könnte* (ohne Seitenangabe; Ende der Vorrede). Seine Studien gehören zu den bedeutendsten Zeugnissen der entstehenden Slawenkunde am Ende des 18. Jahrhunderts.

Antons Werk enthält, wie es im Titel heißt, bis heute einmalige Darstellungen der *Alten Slawen Ursprung, Sitten, Gebräuche, Meinungen und Kenntnisse* – so der Titel des Werkes.

Dieses Verdienst Antons betont Linhart ausdrücklich; beide sind sich wohl nie begegnet, standen jedoch in einem bis heute allerdings nicht veröffentlichten Briefwechsel.

Mit Anton und Linhart begann eine wissenschaftlich zu nennende Beschäftigung mit slawischen Ethnien und Sprachen, Lebensweisen und Kulturen. Im Unterschied zu Herder hatte Anton Kenntnisse des Sorbischen, Linharts Muttersprachen waren Slowenisch und Deutsch, außerdem verstand er offenbar gut Latein. In oder seit dieser Zeit gab es eine Redewendung für einen universellen Gebrauch dieser Sprachen: „Mit Sorbisch kommt man durch die ganze (ost)slawische, mit Slowenisch durch die Ganze (süd)slawische Welt".

Pavel Jozef Šafařik war einer der belesensten und gründlichsten Begründer der Slawenkunde. Allein in seinem Hauptwerk erwähnt er einige Tausend Personen und deren Schriften. Dies wird ergänzt durch Übersichten zu Institutionen wie Bibliotheken, Periodika und Sammlungen, in denen Quellen zur Geschichte slawischer Völker, zu ihren Sprachen, künstlerischen Zeugnissen ihrer Kulturen und Lebensweisen vorhanden sind.

Im gesamten Hauptwerk sowie in anderen Schriften finden sich Überlegungen um das Herkommen und die Bedeutungen des Namens der Slawen. Sie sind nach dem damaligen Wissensstand umfassend sprach- und literaturwissenschaftlich begründet und gestützt. Hervorzuheben sind die etymologischen, lexikalischen und grammatischen Erläuterungen.

Er schließt sich Erklärungen an, dass „Slawe" wohl nach *slovo* (Wort, Sprache) und nicht aus *slava* (Ehre, Ruhm oder ähnlich) gebildet wurde, und führt dafür eine Vielzahl von ethnografischen und sprachwissenschaftlichen Beweisen an; er wies darauf hin, dass Vertreter der „slava"-Herkunft des Begriffs damit wohl auch eine besondere Stellung slawischer Völker betonen wollten, und hielt dies für abwegig.

Er hat, ähnlich wie Linhart, Überlegungen zur Herkunft des Namens der Slawen angestellt. Den verschiedenen Deutungen *slovo* und *slava* fügte er hinzu: *Selo, der Wohnsiz: Krainersch Selo; kroatisch Szelo; dalmatisch Szelo, serv. Sjelo, ruthen. Selo, russ. Selo … Übersiedler Sedlovani. Noch heissen die Slaven in Kärntens Geilthale Selavzi, Slavzi, und Klagenfurt, Kärntens Hauptstadt, Zelovez … Das Wort haben Krainer, Winden, Kroaten und Slavonier, vielleicht auch andere Slaven. Es stammt von Selo, der Wohnsiz … Es kann auch Slovo, das letzte Wort, die letzte Ansprache vor der Trennung heissen.*

Anton Tomaš Linhart hat eine in ihrer Gründlichkeit, im Vergleich zu Anton historisch und geografisch weiter ausgreifende und umfangreichere Studie nicht nur zu den *südlichen Slaven Österreichs*, sondern überhaupt zur Begründung der Slawenkunde geschaffen. Die Anzahl der von ihm herangezogenen Quellen, die Genauigkeit der etymologischen, geo-, historio-, ethnografischen Darstellungen, die Auffindung und Beschreibung von besonders römischen Inschriften sind einmalig und beeindruckend. Die meisten sind gegenwärtig kaum noch auffindbar oder nur in Linharts Aufzeichnungen erhalten.

In der *Vorrede* zum zweiten Band (Nürnberg 1796, nicht paginiert) betont Linhart erneut:
Wie vielen Dank ich dem Herrn Karl Gottlob Anton in Görliz schuldig bin, der mir in der Sprache eine reiche Quelle historischer Wahrheiten zuerst entdecken half, und mich mit mehreren freundschaftlichen Briefen beehrte, liefert die gegenwärtige Schrift ein aufrichtiges Denkmal. Ausser ihm haben mich die Herren von Brekerfeld zu Altenburg, und Kumerdei in Cilej, jener durch schriftliche Beiträge, dieser durch seinen lehrreichen Umgang, solange ich desselben in Laibach genoß, freundschaftlich unterstützt.

In den die *Wieser Enzyklopädie des europäischen Ostens* ergänzenden Begleitbänden sind die beiden Bände des Hauptwerkes von Linhart (= Handbibliothek der WEEO, Wiener Bestände, Klagenfurt u. a., 2001) und die Studien von Šafařik (= Handbibliothek, Bde. 4, 5, Klagenfurt u. a., 2003) aufgenommen.

1.2 Križanić und der Beginn panslawischer Vorstellungen

Die Idee, dass sich slawische Völker auf der Grundlage einer einheitlichen Sprache zusammenschließen, erscheint erstmals in der Schrift *Politika, oder Gespräche über die Herrschaft (Razgovory ob vladatel'stvu)* des aus kroatischem Adel stammenden katholischen Geistlichen und Diplomaten Juraj Križanić, SJ. Nach Studien in Rom, einem theologischen Doktorgrad und priesterlichen Weihen wirkte er in der Congregatio de propaganda fide. In einer diplomatisch-theologischen Mission war er von 1647 bis 1650 in Russland. Nach Zwischenaufenthalten in Wien und Konstantinopel reiste er ohne päpstlichen Auftrag und ohne Genehmigung als angeblicher ukrainischer Flüchtling 1651 erneut nach Moskau. Er gab vor, sich mit der Geschichte Russlands und dem Kirchenslawischen beschäftigen zu wollen. Wegen seiner als illegal angesehenen missionarischen Tätigkeit wurde er als polnischer Agent 1661 nach Tobol'sk in Sibirien verbannt. Dort konnte er sich offenbar wissenschaftlich betätigen, schrieb die *Politika* und wurde 1676 aus der Verbannung nach Polen entlassen. Nach Aufenthalten in Warschau und Vilnius wurde er Feldgeistlicher im Heer des polnischen Königs Jan III. Sobieski, wurde in der Schlacht am Kahlenberg 1683 getötet und in Wien begraben. Die genannte Schrift verfasste er in einer von ihm kompilierten kirchenslawisch-kroatisch-polnisch-russischen (Misch-)Sprache, welche die sprachlich-kulturelle Grundlage einer künftigen Vereinigung slawischer Völker bilden sollte. Weitere Schriften von ihm sind *De Providentia Dei sive de causis Victoriarum et Claudium, hoc est de Prospero et Infelici statu Rei Publicae* (1666/67) und eine *Historia de Sibiria* (1680).

Eine hervorragende, kenntnisreiche Untersuchung zu ihm stammt von Hildegard Schaeder: *Moskau, das Dritte Rom. Studien zur Geschichte der politischen Theorien in der slawischen Welt*, Prag 1929, Stuttgart 1957 (Auszüge im Anhang). Dort werden die Beschäftigungen Križanić' mit der Auffassung vom Dritten Rom, seine Herkunft und Erziehung, das Studium am römischen Collegium Graecum, das Memorandum von 1642 sowie andere bio- und bibliografische Daten und Fakten behandelt. Nach ihm sollte der Panslawismus unter geistiger und politischer Führung Russlands durch eine Konversion slawischer Völker zur katholischen Konfession, in der Abwehr polnischer adliger katholischer Einflüsse, durch die Überwindung des unter Russen verbreiteten Aberglaubens sowie einiger russisch-orthodoxer Glaubensinhalte und -praktiken verwirklicht werden. Die Bekehrung aller Slawen, so schließlich auch der orthodoxen Russen, zur katholischen Konfession und ihre Vereinigung mittels einer zu schaffenden und zu verbreitenden slawischen Lingua franca war sein Ziel. Er kannte offenbar die Russland und die Russen schildernden Schriften von Johannes Fabri *De Moscoviticarum religione*, Tübingen 1525; Paolo Giovios *De legatione Basilii Magni Principis Moscoviae*, 1537, mehrere Erscheinungsorte; Sigmund von Herbersteins *Rerum Moscoviticarum Commentarii, (Moscovia)*; Vindobonae 1549 et al.; Antonio Possevinos *Moscovia*, Wilna 1586. Über das Studium der Schriften Possevinos und Herbersteins berichtete er in Briefen. Er betonte, dass dadurch sein besonderes Interesse für Russland und die Russen sowie der Entschluss entstanden, erneut und ohne Auftrag nach Moskau zu reisen, was dann zu seiner Verdächtigung, ein Spion zu sein, zur Verhaftung und Verbannung führte.

Über 150 Jahre nach Križanić' *Politika* erscheint der Begriff *Panslawismus* in der Schrift *Elementa universalis linguae Slavicae e vivis dialectis eruta et suis logicae principiis suffulta*, Budha 1826, des slowakischen Schriftstellers Jan Herkel, auch „nationaler Erwecker" genannt. Hierin schlug er vor, eine gemeinsame Schriftsprache für alle Slawen zu schaffen, eine *unio in literatura inter omnes Slaves sive verus panslavismus*. Damit war der Begriff gebildet und eingeführt; Herder hatte in dem unter der Bezeichnung *Slawenkapitel* bekannt gewordenen Teil seiner *Ideen zur Philosophie der Geschichte der Menschheit* (1774) und Schlözer hatte ähnlich Herder in *Allgemeine Geschichte von dem Norden* (1771) mit teilweise euphorischen, romantisierenden Beschreibungen slawischer Völker als „Zukunft Europas" den Boden dafür bereitet.

Die Idee des Panslawismus wurde im Zusammenhang mit eigenartigen nationalen Ausformungen aufgenommen, so von dem polnischen Fürsten Adam Czartoryski, der bereits 1807 in einem Brief an den russischen Grafen Pavel Stroganov (Anhang) betonte, *daß eine Föderation der slawischen Nationen das große und einzigartige Ziel sei, nach dem Rußland mit aller Kraft streben müsse,* allerdings unter russischer Führung, und im Jahre 1823 gründete er eine *Gesellschaft der Vereinigten Slawen*.

Für sie wurde eine Art Katechismus verfasst, in dem die Ziele der Gesellschaft mittels der Bildung eines *Achtecks*, bestehend aus *acht slawischen Nationen: Russen, Slowaken, Tschechen, Serbo-Kroaten, Bulgaren, Lausitzer Sorben, Slowenen* mit vier *Ankern für die slawischen Meere* (*Schwarzes, Weißes, Dalmatinisches, Arktisches*) beschrieben wurden. Vor der Aufnahme in die Gesellschaft musste der Bewerber einen Eid abgelegen, in dem er schwor, seine ganze Kraft für ihre Ziele einzusetzen und bis zum letzten Atemzuge die Freiheit und brüderliche Einheit der Slawen zu verteidigen[2].

Der slowakische Schriftsteller Ján Kollár hatte den ursprünglich von ihm linguistisch verstandenen Begriff des Panslawismus auch mit unkritischen Anleihen bei Herders Verklärungen der Slawen geprägt; Tomáš Garrigue Masaryk bemerkte dazu kritisch, die Idealisierung der Slawen käme schließlich nicht nur von Herder, sondern auch von Tschechen und Slowaken, und damit war Kollár gemeint.

---

[2] Masaryk, T. G.: Slovanske studie. Jana Kollera vzajemnost. In: Nase doba, Praha 1893/94, S. 842.

Kollár hat den für panslawistische Vorstellungen methodisch ergiebigen, seither immer wieder verwendeten und weiter ausgeformten Begriff der „Wechselseitigkeit"[3] eingeführt.

Er entwarf wie andere ebenfalls ein Idealbild von einer „einheitlichen, großen slawischen Nation" und ihrer kulturellen Rolle in einem künftigen Europa. Er regte die Bildung von Lehrstühlen, wie man dies heute bezeichnen würde, für Slawistik und eine linguistische Begründung der Regeln (Lexik, Grammatik, Syntax) einer gemeinsamen slawischen Sprache an. Eine politische oder staatliche Einheit slawischer Völker strebte er nicht an, seine panslawischen Vorstellungen bezogen sich auf die kulturelle Vereinigung slawischer Völker auf der Grundlage einer einheitlichen, gemeinsamen Sprache.

Später wurde darauf hingewiesen, dass Kollárs Ansichten in den sogenannten „Sarmaten-Theorien" über deren „allslawische geschichtliche Sendung" missbraucht und verfälscht wurden; dieser Vorwurf war jedoch unbegründet.

Auf weitere Missdeutungen des von Kollár geprägten Begriffs der „Wechselseitigkeit" wird im Zusammenhang mit der Behandlung des großrussischen Panslawismus hingewiesen, der jedoch bereits vor der programmatischen Schrift Danilevskijs entstand.

Das bisher Gesagte wird zunächst mit folgenden Zwischen-Hinweisen ergänzt:
Wien war mit dem beginnenden 19. Jahrhundert das bedeutendste europäische wissenschaftliche, personelle und institutionelle Zentrum der Entstehung der slawistischen Sprach-, Literatur- und Kulturwissenschaften. An anderen akademischen, universitären oder ähnlichen Einrichtungen in Prag, München, Berlin und anderen Städten gab es einzelne Gelehrte, Lehrstühle oder Abteilungen, die sich mit slawischen Sprachen und Literaturen, mit der Geschichte und Kultur der Slawen beschäftigten, jedoch nicht in dieser kontinuierlichen und konzentrierten Weise wie in Wien. Ein wesentlicher Grund dafür bestand auch darin, dass in der österreichischen, später österreichisch-ungarischen Monarchie mehr zahlenmäßig große und verschiedene slawische Bevölkerungen lebten als vergleichbar in einem anderen europäischen Land. Seine Gelehrten begannen bereits am Ende des 18. und zu Beginn des 19. Jahrhunderts sich in einer beispielhaften Ausführlich- und Gründlichkeit mit slawischen Sprachen, Literaturen und Kulturen zu beschäftigen, die meisten waren slawischer Herkunft.

Begonnen hatten, wie bereits dargestellt, wissenschaftliche Beschäftigungen mit slawischen Völkern lange Zeit vorher mit dem österreichischen Diplomaten Si(e)gmund Freiherr von Herberstein, der als Gesandter der Kaiser Maximilian I., Karl V. und Ferdinand I. in den Jahren 1516/17 und 1525/26 zu dem Moskauer Großfürsten Vasilij III. reiste, darüber die *Rerum Moscoviticarum Commentarii*, die dann so genannte *Moscovia*, verfasste und damit die Russlandkunde in Europa begründete.

Der kroatische Gelehrte Juraj Križanić, SJ, reiste im 17. Jahrhundert mehrfach in theologisch-diplomatischem Auftrag und später ohne diesen nach Russland, wurde als Spion verdächtigt, verhaftet, verbannt und schrieb dort in einer aus slawischen Bestandteilen kompilierten Mischsprache die *Politika*, mit der er zum ersten Begründer panslawistischer Vorstellungen wurde. In der habsburgischen Monarchie begann die Entwicklung slawistischer wissenschaftlicher Beschäftigungen in und mit gelehrten Gesellschaften und dem Slowenen Anton Tomaž Linhart, polnischen und tschechischen Gelehrten wie Josef Dobrovský, mit

---

[3] Kollár, J. Über die literarische Wechselseitigkeit zwischen den verschiedenen Stämmen und Mundarten der Slavischen Nation, Pesth 1817.

dem Slowenen Jernej Kopitar, dem Tschechen Ján Kollár, dem Slowaken Pavel Jozef Šafařík, dem Serben Vuk Stefanović Karadžić und anderen (Anhang, kommentiertes Personenregister und Auswahlbibliografie). Es folgten die territorial, ethnografisch, kulturell begrenzten panslawistischen Bewegungen des Austroslawismus und Illyrismus (Gaj) sowie eine allmähliche politische, rechtliche und kulturelle Anerkennung des Slawentums in Österreich, etwa durch das Wirken des katholischen kroatischen Bischofs und Politikers Josip Juraj Strossmayer, der das Wiener kroatisch-serbisch-slowenische Sprachabkommen von 1850 anregte.

Nach 1848 wurde dann nach Zwischenlösungen im Jahre 1849 an der Universität Wien ein Lehrstuhl für Slawistik eingerichtet, auf den der Slowene Franz (Franc, Frane) Miklosich (Miklošič) berufen wurde. Zwischen den Weltkriegen entstanden bis 1938 in Wien international anerkannte Forschungsleistungen und Veröffentlichungen der österreichischen Slawisten. Nach der Okkupation der Republik Österreich durch das Deutsche Reich im Jahre 1938 endete die Wiener wissenschaftliche Slawistik unter nationalsozialistischer Herrschaft. Sie wurde, bereits beginnend zwischen 1945 und 1955 und dann nach der Unabhängigkeit Österreichs in den Jahren zwischen 1955 und 1965 in Gestalt akademischer und universitärer Disziplinen und Institutionen wieder hergestellt. Seither genießt sie Ansehen in Europa und in der Welt.

1.3 Europäische Aufklärung und bürgerliche Revolutionen

Die Entstehung unterschiedlicher, teilweise gegensätzlicher, unvereinbarer panslawischer Auffassungen und Bewegungen, Positionen und Programme sowie das Wirken ihrer Vertreter sind im Zusammenhang mit den Folgen und Wirkungen der europäischen Aufklärung des 18. Jahrhunderts und dem Vorabend, den Vorzeichen bürgerlicher Revolutionen am Ende dieses und am Beginn einer Epoche bürgerlicher Revolutionen vor allem in der ersten Hälfte des 19. Jahrhunderts zu sehen. Diese Revolutionen waren in Völkern und Ländern, in denen panslawische Strömungen entstanden, außer von teil- und zeitweise dominanten ideologischen und politisch-staatlichen Zielen auch durch Bewegungen und Bestrebungen geprägt, eine eigene kulturelle (sprachliche) Identität erst oder wieder zu entdecken, auszubilden und damit ein nationales Bewusstsein einer slawischen Bevölkerung als slawisches Volk zu begründen.

Die hauptsächlichen Wirkungen gingen von der englischen, französischen und deutschen Aufklärung und ihrem wenigstens partiellen und temporärem Übergreifen auf einige Länder im östlichen Mitteleuropa aus. Dort waren die sozialen und kulturellen Träger dieses Übergreifens jedoch nicht breite Volksmassen, sondern kleine Schichten gebildeter, künstlerisch, wissenschaftlich und schriftstellerisch-publizistisch tätiger Personen, gewissermaßen Vorläufer nationaler Gruppen der Intelligenz dieser Völker und Länder.

Die von der Aufklärung ausgehenden Wirkungen waren vorwiegend geistiger, kultureller und wissenschaftlicher Art, wenngleich die Schriften besonders der englischen und französischen Aufklärer schon ideologische, politische, staatsrechtliche Inhalte und Programme enthielten, die dann in einigen europäischen Ländern teilweise verändert zur Geltung kamen. Die Schriften der deutschen Aufklärer hingegen waren vorwiegend philosophisch-philologischer, sprach- und literaturwissenschaftlicher, kunst- und allgemein kulturgeschichtlicher Art. Diese Unterschiede vermitteln auch Anhaltspunkte für die Herkunft und Beschaffenheit der wissenschaftlichen Ausbildungen, Haltungen und die Studien der ersten slowenischen, tschechischen, slowakischen und serbischen Vertreter panslawischer Auffassungen um die Jahrhundertwende und danach. Einige hatten an deutschen, österreichischen, russischen und anderen Universitäten oder akademischen, wissenschaftlichen Institutionen studiert und einige wurden dort auch akademisch graduiert.

Die von europäischen Revolutionen, insbesondere die von der französischen und der ihr folgenden napoleonischen Herrschaft über Teile Europas ausgehenden Impulse hatten andere Wirkungen. Sie entstanden sowohl aus der Programmatik der französischen Revolution „Freiheit, Gleichheit, Brüderlichkeit" als auch aus der völligen Neugestaltung großer Bereiche politischer, staatlicher und rechtlicher Ordnungen in Teilen Europas und den dadurch ausgelösten sozialen und kulturellen Veränderungen im Einfluss- und Wirkungsbereich napoleonischer Herrschaft. Für die Anfänge panslawistischer Ideen bedeutete dies, dass Bestrebungen nach kultureller, sprachlicher Identität sich auch mit ersten Vorstellungen von sozialer und rechtlicher Selbstständigkeit, politisch-staatlicher Souveränität durch einen Zusammenschlusses slawischer Bevölkerungen in Ländern des östlichen Mitteleuropa verbanden. Allerdings erhielten die panslawischen Programme ihre dezidiert ideologischen, politischen, staatsrechtlichen Ausbildungen erst in der ersten Hälfte des 19. Jahrhunderts. Ihre Anfänge waren zunächst geistig-kulturell, sprach- und literaturwissenschaftlich, philosophisch und philologisch geprägt. Insofern sind dies wiederum eigenartige Folgen und Nachwirkungen europäischer Ereignisse und Entwicklungen.

Besondere, durch einige geistige Vertreter südost- und ostmitteleuropäischer Völker und Länder vorgenommene Ausformungen und inhaltliche Veränderungen, teilweise anders geartete Vorstellungen von der Gegenwart und Zukunft slawischer Völker, entstanden in den Epochen „kulturellen Erwachens und nationaler Wiedergeburten", des Beginns der zunächst kulturell, dann zunehmend ideologisch und politisch geprägten „Nationsbildungen".

Hier ging es nicht mehr nur oder vor allem um Gemeinschaftsbildungen und Vereinigungen slawischer Völker, sondern um die Entdeckung, Wiederentdeckung und Ausbildung ihrer kulturellen, sprachlichen Identität, sowie deren Sicherung in einer zu schaffenden nationalen staatlichen Gemeinschaft. Panslawische Vorstellungen wirkten hier wohl noch nach, waren jedoch im Unterschied zu den oben genannten nicht mehr dominierend.

Die Zusammenhänge, „Wechselseitigkeiten" (Kollár), zwischen den Wirkungen der europäischen Aufklärung und denen der europäischen Revolutionen, der Entstehung panslawischer Ansichten und Programme sowie den Bewegungen des „kulturellen Erwachens, der nationalen Wiedergeburten", der Nationsbildungen, wurden bisher in verschiedenen Studien zwar angedeutet, jedoch als besonderer europäischer geschichtlicher Zusammenhang bisher kaum thematisiert. Ansätze dazu sind in einigen Veröffentlichungen enthalten.[4]

---

[4] Fischel, A.: Der Panslawismus bis zum Weltkrieg. Ein geschichtlicher Überblick; Stuttgart/Berlin 1919. Kohn, H.: Die Slawen und der Westen. Die Geschichte des Panslawismus; Wien-München 1956. Milojkovic-Djuric, J.: Panslavism and national identity in Russia and in the Balkans; 1830–1880; New York 1994.

1.4 Kulturelles Erwachen und nationale Wiedergeburten

In den Jahrzehnten der Herausbildung panslawischer Vorstellungen entstanden in Ländern Südost- und Ostmitteleuropas, vor allem unter dem Eindruck der europäischen Aufklärung, Bewegungen des kulturellen Erwachens, die in jene nationaler Wiedergeburten mündeten. Allerdings „erwachten" nicht die Völker in diesen Ländern, sondern kleine Gruppen von Gebildeten – Geistliche, Gelehrte, Schriftsteller – nahmen Impulse der europäischen Aufklärung auf und bemühten sich, die Sprachen, Literaturen, Lebensweisen und Volkskulturen ihrer Bevölkerungen zu erforschen, (wieder) zu entdecken und ins Bewusstsein zu heben. Dafür entstanden in solchen Sprachen wie Bulgarisch, Serbisch, Slowakisch, Slowenisch, Tschechisch, Rumänisch, Albanisch eigens Begriffe, die ein „Erwachen", eine „(Wieder)Geburt" bezeichneten. Dieses „Erwachen" begann im 18. Jahrhundert zuerst in Bulgarien und wurde, um im Bilde zu bleiben, durch den „Weckruf" eines Mönches ausgelöst.[5] Dieser „Weckruf" wiederholte sich später zwar nicht gleicher Weise, wurde jedoch in seinen Wirkungen von den oben genannten Gebildeten in ihrem Wirken in Volksbildung, Sprachforschung und Literaturverbreitung fortgesetzt. Dies war verbunden mit der gleichzeitigen, jedoch nicht gleichartigen Entstehung panslawischer Ideen, deren Träger und Verbreiter teil- und zeitweise die gleichen Personen waren.

Die genannten kulturellen Vorgänge werden auch in jüngsten Abhandlungen zur Geschichte Südost- und Ostmitteleuropas kaum oder gar nicht erwähnt. Mitunter wird lediglich kritisch bemerkt, es sei zu fragen, wer oder was denn „erwacht" sei, ob hier ganze Menschengruppen oder Völker gewissermaßen aus einem „Dornröschenschlaf" erweckt worden seien und wie, durch wen das geschehen sein solle. Manches hierzu wird überdies in das „Land der Träume" verwiesen oder als Beschwörung eines „nationalistischen Traumas" dargestellt.

Hier wirken noch immer die seit dem Ende des 18. Jahrhunderts (bereits in einer Schrift von Kant), im 19. Jahrhundert von Hegel über Bismarck, Marx und Engels bis Luxemburg und später im 20. durch andere fortgesetzten Geringschätzungen kleiner, als „geschichtslos" bezeichneten Völker vor allem in Südosteuropa.

In mehreren Sprachen gibt es besondere Begriffe für diese „Wiedergeburt" mit kulturellen Bedeutungen, so im Italienischen *rinascimento*, in dem die lateinischen Bestandteile *ri/re* = „wieder" und *nasci* = „geboren werden" verbunden sind.

Es gibt eine Vielzahl weiterer Veröffentlichungen zu diesem Thema; einige werden genannt. Schaller, H.: Die Balkansprachen. Eine Einführung in die Balkanphilologie; Heidelberg 1975. Ders.: Bibliographie zur Balkanphilologie; Heidelberg 1977. Kohn, H.: Die Idee des Nationalismus in Europa; Frankfurt am Main 1962. Reiter, N. (Hg.): Nationalbewegungen auf dem Balkan; Berlin 1983. Richter, L.; Olschowsky, H. (Hg.): Literaturen Ost- und Südosteuropas (= BI Lexikon); Leipzig 1990. Timmermann, H.: Die Entstehung der Nationalbewegung in Europa 1750–1849; Berlin 1993. Haarmann, H.: Die Sprachenwelt Europas; Frankfurt am Main 1993. Okuka, M. (Hg.): Lexikon der Sprachen des europäischen Ostens (= Wieser Enzyklopädie des europäischen Ostens, WEEO, Bd. 10); Klagenfurt/Celovec 2002. Hinrichs, U.; Kahl, T.; Himstedt-Vaid, P. (Hg.): Handbuch Balkan (= Slavistische Studienbücher. Neue Folge, Bd. 24);

---

[5] Païssis „Weckruf" wurde seit Jahren in mehreren Veröffentlichungen des Verfassers behandelt, zuletzt in Geier, W.: WEEO 20.3, Klagenfurt/Celovec 2019/2020.

Wiesbaden 2014; außerdem die Schriften von W. Geier, erschienen im Harrassowitz Verlag Wiesbaden seit 1995.

Der tschechische Historiker Miroslav Hroch[6] hat in Studien zu den „kleinen Völkern Europas" über diese kulturellen Vorgänge nicht nur keine abschätzige Meinung vertreten, sondern zu ihrer Untersuchung und Darstellung ein methodisch plausibles Drei-Phasen-Modell sowie dafür eine zeitliche Periodisierung entworfen.

Siegfried Tornow[7] ist einer der wenigen zeitgenössischen deutschsprachigen Osteuropa-Historiker, der Begriff und Bewegung des „nationalen Erwachens" an- und aufnimmt, mit dem Hinweis auf Hroch und dies fortführend unter den Gesichtspunkten „Nation, Abstammung, Sprache, Religion/Konfession, Staat" sowie bezogen auf die Themen „Slawische Nation" und „Wechselseitigkeit" behandelt.

Tornow schlägt für die Völker des östlichen Europa vor, sie in ihren Bewegungen des „nationalen Erwachens" im beginnenden 19. Jahrhundert methodisch sozialhistorisch-soziologisch nach *Reichsvölkern*, *historischen* und *geduldeten* Völkern zu unterscheiden und so zu behandeln[8], das ist ein plausibler und praktikabler Ansatz.

Danach sind *Reichsvölker ... die herrschenden Völker in den vier osteuropäischen Reichen, die Deutschen in Österreich und Preußen, die Russen und die Osmanen, d. h. die muslimischen Türken, Albaner und Bosnier. Die historischen Völker hatten vordem über politische Eigenständigkeit verfügt und Elemente davon bewahrt; das waren mit abnehmender Autonomie 1. die ständisch verfassten „nationes" Ostmitteleuropas, nämlich die Kroaten, Ungarn, Čechen und Polen; 2. die Rumänen in der Moldau und in der Walachei mit einheimischem Adel; 3. die privilegierten Ethnien der Konfessionsnationalitäten wie die Griechen und sefardischen Juden im Osmanischen Reich, die Serben in Österreich ... und 4. die aschkenasischen Juden in Polen und Litauen. Die geduldeten Völker hatten als solche keine Rechte. Dazu zählten 1. die Völker ohne ständische Qualitäten ... nämlich die Slovenen, Slovaken, Sorben, Litauer, Letten und Esten; 2. die nichtprivilegierten Ethnien der Konfessionsnationalitäten wie die Rumänen und Ukrainer in Ungarn resp. die Bulgaren, Serben, Aromunen und christlichen Albaner im Osmanischen Reich und die nichtmuslimischen „Fremdvölker"... Russlands wie die Syrjänen, Votjaken, Mordvinen, Čeremissen und Čuvašen* (S. 411).

Während die Reichsvölker eo ipso privilegiert waren, besaßen die historischen Völker in ihren Ständen resp. Hierarchien zumindest einflussreiche Repräsentanten; die geduldeten Völker dagegen hatten keinen gesetzlichen Beistand.

Zu eben dieser Zeit bahnt sich nun eine neue Weltsicht an, vollzieht sich ein Paradigmenwechsel, der zu einer unerhörten Wertschätzung der bislang verachteten oder ignorierten Völker führte. Ihre Anwälte beriefen sich auf den Aufklärer Herder, der ... die Idee der Gleichberechtigung aller Völker entwickelt hatte (S. 412).

Damit führt Tornow die von ihm wiederum methodisch sozialhistorisch-soziologisch erläuterten Bewegungen des nationalen Erwachens (S. 414–416) ein. Er führt seine Betrachtungen anhand eines Drei-Phasen-Ansatzes – ähnlich wie Hroch – über die grundlegenden historisch-politischen Veränderungen bis

---

[6] Hroch, M.: Die Vorkämpfer der nationalen Bewegung bei den kleinen Völkern Europas (Tschech.); Praha 1968. Ders.: Das Erwachen kleiner Nationen als Problem der komparativen sozialgeschichtlichen Forschung. In: Winkler, H. (Hg.): Nationalismus; Königstein/Taunus 1978, S. 155–172.

[7] Tornow, S.: Was ist Osteuropa? Handbuch der osteuropäischen Text- und Sozialgeschichte von der Spätantike bis zum Nationalstaat. 2. überarb. Aufl. (= Slavistische Studienbücher hg. v. H. Jachnow u. M. Lecke. Neue Folge, 16); Wiesbaden 2005/2011; S. 411–425.

[8] Tornow, S. 412 f.

zum Ende des 19., schließlich bis zum Anfang des 20. Jahrhunderts fort und kommt zu folgendem Fazit: *In dem Maße wie die Völker zu Nationen wurden und die Staaten zu Nationalstaaten, wurden die ethnischen Minderheiten zu Nationalitäten, die, wenn sie schon die staatliche Selbständigkeit nicht erringen konnten, doch wenigstens von den Staatsvölkern oder Titularnationen Autonomie verlangten. Ein Volk konnte beide Positionen innehaben, die Rumänen waren in Rumänien Titularnation, in Ungarn Nationalität* (S. 422).

Zweites Kapitel

Panslawismen im 19. Jahrhundert

Die Idee einer all-slawischen, zunächst als Sprach- und Kultur-Nation verstanden, wie im ersten Kapitel dargestellt, war bereits im 16./17. Jahrhundert entstanden. Außer den dort bereits Genannten, wie Orbini und Križanić, hatten der kroatische Franziskaner Kačić-Miošić, der serbische Schriftsteller Rajić und andere sie vorgeprägt.

Die wesentlichen Ursachen der im 19. Jahrhundert entstehenden panslawischen Bewegungen waren, wie gesagt, die Wirkungen der europäischen Aufklärung, der Französischen Revolution und ihrer Folgen, die ersten Bestrebungen des kulturellen (nationalen) Erwachens besonders durch einige Vertreter slawischer Völker, sowie die von einigen Personen wie Herder (Anhang), dann von Dobrovský, Kopitar, Kollár und anderen ausgehenden Impulse.

Die Veränderungen der politischen, kulturellen und ökonomischen Situation in Teilen Europas begünstigten dies. Es kam zu ersten Vereinigungen: So entstand um 1810 durch russische Adlige und Offiziere eine *Gesellschaft der Vereinigten Slawen,* deren Symbole aus einem Achteck für die acht slawischen Nationen, genannt wurden Russen, Polen, Slowaken, Tschechen, Serbo-Kroaten, Bulgaren, Sorben (Wenden), Slowenen, und vier Ankern für die slawischen Meere, das Schwarze, das Weiße, das Dalmatinische und das Arktische bestanden. Die einige Jahre bestehende Gesellschaft gab noch 1823 einen Katechismus heraus, der das Ziel, eine Einheit slawischer Völker herzustellen, beschwor und von den Mitgliedern in einem Eid verlangte, sich mit Leib und Leben dafür einzusetzen.

Die Anfänge panslawischer Bewegungen und Vereinigungen waren kultureller Art. Sie bestanden aus dem Bestreben, über eine umfassende Beschäftigung mit slawischen Sprachen in ihren verschiedenen ethnisch-regionalen Ausbildungen und Bindungen die eigene kulturelle, sprachliche Identität wieder zu entdecken und zu begründen. Getragen wurden diese Bestrebungen von einzelnen gebildeten, gelehrten Personen, Vertretern der entstehenden, nach der Zahl ihrer Angehörigen noch kleinen Gruppen späterer „nationaler Intelligenzen". Es waren vor allem Geistliche, Schriftsteller, Publizisten sowie einzelne politisch und wissenschaftlich Tätige.

Die Vorstellungen der den Austroslawismus hervorbringenden Vertreter der im Kaisertum Österreich lebenden slawischen Bevölkerungen waren hinsichtlich der Wünsche nach Vereinigungen davon geprägt, dass sie seit Jahrhunderten teil- und zeitweise entweder unter österreichischer oder magyarischer, unter osmanischer Herrschaft gelebt hatten. Die soziale, kulturelle, ökonomische und rechtliche Situation war zwischen Tschechen, Slowaken, Slowenen sowie zwischen Kroaten und Serben, Bosniern und Hercegovinern und anderen höchst unterschiedlich, teilweise ausgesprochen feindselig.

Es gab noch keine ausgebildete gemeinsame Sprache und teilweise völlig verschiedene soziale und kulturelle Situationen, erhebliche ethnisch-regionale Unterschiede und andere Gegensätze verschiedener Art und Herkunft. Ein verbindendes Bewusstsein war noch nicht entstanden. Es bedurfte also der Bemühungen einzelner Personen aus diesen Bevölkerungen, es zu entwickeln und zu verbreiten. Diese waren bestrebt, die Vereinigung slawischer Bevölkerungen, ihre gemeinsame sprachliche und kulturelle Identität sowie die Verbesserung ihrer gesamten, vor allem rechtlichen und kulturellen Lage möglichst im Rahmen der habsburgischen Monarchie, nicht durch deren Abschaffung oder Überwindung zu erreichen. Deshalb waren die ersten Vertreter des Austroslawismus und ihre Nachfolger im Ganzen kaiser- und monarchietreu. Eine Vereinigung der im Kaisertum Österreich lebenden slawischen Bevölkerungen sollte nach ihren Vorstellungen in einer entsprechend umgestalteten habsburgischen Universalmonarchie stattfinden.

2.1 Austroslawismus

Der bereits genannte Slowake Jan Herkel, Rechtsanwalt in Pest, dem sogenannten Bernolák-Kreis angehörend, prägte nach Križanić als Erster den Begriff Panslawismus in seinem Werk *Elementa universalis linguae slavicae …*, Ofen 1826, worin er eine allslawische Lingua franca entwarf. Der Begriff sollte sprachlich als eine *unio in litteratura inter omnes Slavos, sive verus Panslavismus* wirken. Diese Absicht war dem Anliegen des Jesuiten Križanić ähnlich, das dieser während der sibirischen Verbannung in seinem bereits erwähnten Werk *Politika* nach 1661 formuliert hatte: Mittels einer all-slawischen Sprache eine kulturelle Grundlage für eine Vereinigung slawischer Völker zu schaffen.

Die erste panslawistische Erscheinungsform und Bewegung in Europa war der im Kaisertum Österreich in der ersten Hälfte des 19. Jahrhunderts entstehende Austroslawismus. Seine Ursprünge und Anfänge entstanden auch angeregt durch die von Herder ausgelöste so genannte „Slawenbegeisterung", dann durch die Arbeiten Dobrovskýs SJ und anderer sowie in mehreren „wechselseitig" (Kollár) miteinander verbundenen, einander wechselwirkend hervorbringenden im weitesten Sinne kulturellen Leistungen. Ihr bedeutendster erster Vertreter ist der Slowene Jernej Kopitar.[1]

Seine Biografie ist in dem von Walter Lukan und Arnold Suppan herausgegeben Band der Österreichischen Osthefte, Jg. 37, H. 1., Wien 1995, und anderen Veröffentlichungen des bedauerlicherweise nicht mehr bestehenden Österreichischen Ost- und Südosteuropa-Instituts Wien sowie in den bereits genannten Publikationen ausführlich dargestellt. Die für eine österreichische Beamtenlaufbahn typische Darstellung enthält der Beitrag von Hüttl-Hubert im genannten Heft[2]:

9. Dezember 1810	*Ernennung zum 4. Scriptor mit 600 Gulden Jahresgehalt*
21. Juni 1815	*Ernennung zum 3. Scriptor mit 700 Gulden Jahresgehalt*
30. Jänner 1816	*Ernennung zum 2. Scriptor mit 800 Gulden Jahresgehalt*
17. Juni 1818	*Ernennung zum 1. Scriptor mit 900 Gulden Jahresgehalt*
6. Mai 1819	*Ernennung zum 4. Kustos mit 1.000 Gulden Jahresgehalt*
7. Dezember 1827	*Ernennung zum 2. Kustos mit 2.000 Gulden Jahresgehalt*
29. April 1844	*Ernennung zum 1. Kustos und Hofrat mit 4.000 Gulden Jahresgehalt.*

---

[1] Lukan, W.: Bartholomäus Kopitars „Bibliothekarischer" Bericht – Ein Dokument des Austroslawismus und die Probleme seiner Veröffentlichung. In: Österreichische Osthefte, Heft 1, Jahrgang 37/1995, Wien 1995, S. 147 ff.

[2] Hüttl-Hubert, E.-M.: Bartholomäus Kopitar und die Wiener Hofbibliothek. In: Österreichische Osthefte, Heft 3, Jahrgang 36/1994, Wien 1994; S. 587.

Zuzüglich zu dem Gehalt wurde noch Quartiergeld in der Höhe von 160 Gulden für die Scriptoren, 240 Gulden für die unteren Kustoden und 300 Gulden für den 1. Kustos ausbezahlt. Das Zensorgehalt betrug unverändert 300 Gulden.

In seinem Todesjahr setzten sich (nach einem Antrag auf Abhandlung der Verlassenschaft) Kopitars offizielle Einkünfte wie folgt zusammen:
Gehalt als k. k. Hofrat 4.000 Gulden, Quartiergeld 300 Gulden, Gehalt als Zensor 300 Gulden, Zensurzulage 200 Gulden, Gehalt als Korrektor d. Haus-, Hof- und Staatskanzlei 300 Gulden – insgesamt 5.100 Gulden

Zur Versteigerung der umfangreichen, wie Zeitgenossen berichten, einzigartige oder seltene Drucke enthaltenden Privatbibliothek Kopitars wurde ein *Verzeichnis der in die Verlassenschaft des Herrn Bartholom. Kopitar ... gehörenden werthvollen Bücher und Handschriften, großenteils sprachwissenschaftlich, vorzüglich in allen slawischen Sprachen*, Wien 1845, herausgegeben.[3]

Kopitar war ein Universalgelehrter, der sich jahrzehntelang akribisch, manchmal rechthaberisch und auch pedantisch, dabei jedoch stets gründlich und enzyklopädisch umfassend mit der geo-, ethno- und historiografischen Herkunft und Entstehung südslawischer Sprachen, mit der Phonetik und Lexik, Grammatik und Syntax dieser Sprachen, mit ihren Wandlungen und Wechselwirkungen, etymologischen Besonderheiten, regionalen Ausbildungen und Eigenheiten beschäftigte; sein besonderes Interesse galt dem Slowenischen.
Kopitars sprachwissenschaftliche Lebensleistung war grundlegend für die Anregungen, die er in der Nachfolge und in Verbindung mit Dobrovský, Šafařik und anderen für die Herausbildung der von ihm vertretenen besonderen Ausprägung des Austroslawismus gab.
Ähnlich wie die bereits genannten Vorgänger strebte er eine einheitliche slawische Schriftform, speziell in der Orthografie wenigstens für jene slawischen Sprachen an, die in Latein geschrieben wurden. Die grammatische und lexikalische Grundlage sollte jenes slawische Idiom bilden, das in Krain, Kärnten, der Steiermark und Teilen des nordwestlichen Slowenien gesprochen wurde. Hierin ähnelten seine Vorstellungen denen Linharts.
Kopitar gilt als Begründer einer allerdings besonderen Form des Austroslawismus, die reichs- und staatspolitisch geprägt war Für ihn bestanden dessen Anliegen und Aufgabe darin, das Kaisertum Österreich, dem er sich patriotisch verbunden fühlte, durch einen rechtlich ausgestalteten kulturpolitischen Ausgleich zwischen den deutschsprachigen/-stämmigen, magyarischen, west- und südslawischen Bevölkerungsmehrheiten den notwendigen kulturellen und staatlichen Lebensraum dieser Hauptgruppen zu erhalten, im gewissen Sinne neu zu gestalten und damit seinen Fortbestand zu sichern.
Kopitars Wirken ist oft gewürdigt worden, so von Fischel, den Lukan erwähnt, dort heißt es:
Der Sprachforscher Bartholomäus Kopitar ... völlig unter Schlözers und Herders Einfluß, ein anderer Dobrowsky ... entfaltete gleich diesem auf dem Gebiete der Slawistik eine äußerst fruchtbare Tätigkeit. Er ist eine der hervorragendsten Erscheinungen der slawischen Renaissance an Umfang des Wissens, Scharfsinn, kritischem Blick, Geist und Geschmack der Darstellung den tschechischen und slovakischen Gelehrten, wenn von Dobrowsky abgesehen wird, weit überlegen. Die Südslawen danken ihm überaus viel und Österreich kannte ihn als den überzeugtesten Vertreter des austroslawischen Gedankens.[4]

---

[3] Lukan, a. a. O.; S. 589 ff.
[4] Eine der im sprach-, literatur- und bibliothekswissenschaftlichen Schrifttum über Kopitar kompetentesten und interessantesten Studien stammt von Walter Lukan: Kopitars Privatbibliothek; Österreichische Osthefte, H. 3, Jg. 36, Wien 1994, S. 498–705. Sie wird ergänzt und erweitert durch den Beitrag von Eva-Maria Hüttl-Hubert Bartholomäus Kopitar und die Wiener Hofbibliothek im gleichen Heft, S. 521–588.

In anderen Abhandlungen und Würdigungen wird der österreichisch-katholisch-slawische Standpunkt Kopitars hervorgehoben. Er war bestrebt, die regionale Zersplitterung der slawischen Bevölkerungen, ihrer Sprachen und Kulturen durch eine neu begründete sprachliche Einheit zu überwinden, wobei dennoch die Mitglieder dieser Bevölkerungen durchaus ihre eigene Sprache, Kultur und Lebensweise ausbilden und beibehalten sollten. Die als Grundlage und Bindeglied dessen gedachte sprachliche Einheit sollte literatur- und sprachwissenschaftlich mit Grammatiken, Wörterbüchern, volkskundlichen Sammlungen, Almanachen, auch mit Homilien sowie durch Formen und Institutionen der Verbreitung und Vermittlung hergestellt werden.

Das Kaisertum Österreich, der österreichische Kulturraum erschien ihm dafür wie keine andere Region geeignet und er begründete dies in ebenso kulturpolitisch programmatisch wie multidisziplinär fachwissenschaftlich angelegten Schriften, so in einem von ihm vorbereiteten *Vortrag des Staatskanzlers Metternich an den Kaiser vom 14. April 1827 betreffend die Erwerbung altslawischer Handschriften aus den griechischen Klöstern des Berges Athos mit dem beiliegenden Gutachten Kopitars, dem „Bibliothekarischen Bericht" vom 29. März 1827.*

Vortrag des geheimen Haus-, Hof- und Staatskanzlers Wien 14ten April 1827. Metternich.
Es folgte ein *Bibliothekarischer Bericht bey Gelegenheit der 12 altslavischen MSS. Vom Berge Athos. dd'28$^{t.}$ März 1827.* (Der Bericht enthält weitere, hier nicht wiedergegebene Überschriften dieser Texte – W. G.)
Weitere Schriften, die Kopitars austroslawischen Bemühungen zeigen, sind:
I. Historische Prolegomena … II. Die Klosterbibliotheken auf dem Athos … III. Plan zur Erwerbung der obenerwähnten Manuscripte … IV. Beschreibung und Schätzung der 12 vorläufig eingeschickten Codices … Recapitulation. 1) Auf dem Berge Athos (in Macedonien, später hinzugefügt – W. G.) *befinden sich, nach dem Zeugnisse englischer Emissaire vom J. 1800, noch 13 000 St. griechische, und 2000 St. slawische Handschriften. Erstere sind der magre Ausschuß, den durch 400 Jahre die bibliothekarischen Voyageurs der Medizeer, der Päpste, des kais. Gesandten Busbeck, der Franzosen, und endlich 1800 der Engländer selbst, zurückgelassen haben. Aber die 2000 slawischen MSS. sind eine von derley Exploiteurs so gut als noch nicht berührte Fundgrube …*
Des <u>nöthigen</u> (so bei Kopitar – W. G.) *Geheimnisses wegen, müßte selbst das allerhöchste Handbillet, und resp. das Dekret des Oberstofmeisteramtes an den Präfekten der Hofbibliothek, so allgemein als möglich, nur eine Reise nach Italien etc. auf 4–6 Monate enthalten. Außer dem Präfekten, müßte das übrige Personal der Hofbibliotheksbeamten den eigentlichen und Hauptzweck der Sendung besser* <u>nicht</u> *wissen, indem gar viele fremde u. einheimische Besucher der Hofbibliothek, darunter auch Russen und Russomanen, nach dem abwesenden Unterzeichneten fragen würden; und man überhaupt am sichersten nur das verschweigt, was man nicht weiß.*
Wien den 29^{en} März 1827.
Barth. Kopitar, Hofbibliothek-Custos u. Bücher-Censor.

Patriotische Phantasien eines Slawen (1810)
Dieser Text wurde in den „Vaterländischen Blättern für den österreichischen Kaiserstaat" veröffentlicht. Er enthält eine statistische Übersicht der zahlenmäßigen Stärke der *Volkszweige des slavischen Volksstammes: Russen, Sloveno-Serben, Slovenen, Polen, Böhmen mit Mährern und Slovaken, Lausitzer Wenden.*
Kopitar schreibt: *Die Süd-Slaven, an Geist und Körper Ihres herrlichen Bodens werth, sind heut zu Tage, da sie unter ausländischen Herrn so vielfältig zerstückelt sind, und daher nirgends eine respectable Masse bilden, die am meisten verwahrlosesten. Und doch waren sie, wie sich's auch für Südländer ziemt, unter allen Slaven die*

ersten, die ihre Sprache schrieben ... sie mag die Altmutter des heutigen Sloveno-serbischen Dialects, oder die des Slovenischen gewesen seyn.

Kopitar würdigt mehrfach Schlözers besondere Verdienste um dessen Forschungen zum Altbulgarischen/ Altkirchenslawischen, aus dem eine *gemeinschaftliche Schriftsprache aller slavischen Volkszweige werden könnte,* und begrüßt, *daß nun alle sechs Hauptdialecte, und sogar einige Unterdialecte geschrieben werden.* Abschließend entwirft er ein Programm für eine durch mehrere Wissenschaften zu entwickelnde Sprachkultur, etwas, *was in Österreich noch zu wünschen ist.* Er schlägt vor, in Wien eine *Kanzel linguae Slavicae antiquissimae communis, et ecclesiasticae* zu gründen, *aus der eine slavische Central-Akademie hervorgehen* könnte.

Kopitar nutzte alle möglichen Gelegenheiten und begründete, warum er – wie übrigens auch schon Schlözer – Österreich und Wien in jeder Hinsicht, besonders wegen seiner multiethnisch-/-slawisch-sprachlichen Bevölkerungen sowie seiner wissenschaftlichen Erfahrungen und Fähigkeiten für besonders prädestiniert hielt, Forschungen zur Herkunft, zu den Besonderheiten und zur Verbreitung slawischer Sprachen, Literaturen, slawischer Kulturen und Lebensweisen institutionell zu etablieren, so in einem Nachruf *Faustin Procházka und Joseph Zlobicky* (1810) und in einer *Äußerung über den vom k.k. Internuntius, Baron von Ottenfels eingesandten Katalog der Patriarchaldruckerey in Konstantinopel* (22. Februar 1827).

Für Darstellungen zur Entstehung des Austroslawismus, seiner Frühzeit und Begründung durch Kopitar sowie für die Erschließung der verfügbaren Quellen sind diese Studien und andere grundlegend und unverzichtbar. Das gilt auch für die im Ergebnis der Forschungen zu Kopitar und zum Austroslawismus am Österreichischen Ost- und Südosteuropa-Institut Wien bis zu seiner Schließung entstandenen weiteren Publikationen.

Der Austroslawismus verlor bereits in der Revolutionszeit 1848/49, dann endgültig durch die Slawenkongresse 1848 in Prag, 1867 in Moskau und dann bis zum und durch den österreichisch-ungarischen Ausgleich von 1867 seine Bedeutung und Wirkung, wie Andreas Moritsch schreibt.[5]

Seine Geschichte bis zu diesen Ereignissen wurde in den genannten Schriften dargestellt und ist Gegenstand weiterer, hier nicht zu referierender Veröffentlichungen.

Anschließend werden zwei Erscheinungsformen behandelt, von denen die eine, der *Illyrismus* (2.2), eine regionale Variante des Austroslawismus darstellt, während die andere, der *polnische Messianismus* (2.3), nur bedingt als panslawistisch anzusehen ist.

Abschließend und ergänzend ist auf eine Veröffentlichung hinzuweisen, die zu den jüngsten Studien über den Austroslawismus gehört und die von Lukan und Hüttl-Hubert vorgelegten um wichtige Gesichtspunkte und Inhalte erweitert. Es handelt sich um den Beitrag von Wolfgang Rohrbach: *Entstehung und Entwicklung der wissenschaftlichen Slawistik Wiens.* In: Mensch – Wissenschaft – Magie. (= Mitteilungen der Österreichischen Gesellschaft für Wissenschaftsgeschichte, ÖGW), Bd. 34–35, Wien o. J. (2019), S. 115–187.

Behandelt werden: zeitgeschichtliche Ereignisse und Situationen (Wiener Kongress, Heilige Allianz, Revolutionsjahr 1848; Neoabsolutismus); die slawischen Sprachen einschließlich der ausgestorbenen; Definitionen der Slawistik und ihrer Subdisziplinen; Vorläufer und Wegbereiter der Slawistik; Pioniere

---

[5] Moritsch, A. (Hg.): Der Austroslawismus. Ein verfrühtes Konzept zur politischen Neugestaltung Mitteleuropas (= Schriftenreihe des Internationalen Instituts für Europäische Nationalismus- und Minderheitenforschung, Bd. 1); Wien/ Köln/Weimar 1995. Kohler, G.-B.; Hahn, H.-H.; Grübel, R.: Habsburg und die Slavia (= Mitteleuropa-Osteuropa, Bd. 10); Frankfurt am Main u. a. 2008.

und Begründer; längere Auszüge einer Studie von Kunik über Gaj und den Illyrismus; historische, regionale und sprachliche Erscheinungsformen des Panslawismus; der russische Panslawismus; Veränderungen im Verhältnis von Austroslawismus und Illyrismus; Strossmayer und das Wiener Sprachabkommen von 1850; Inhaber des Wiener Lehrstuhls für Slawistik (mit ausführlichen bio- und bibliografischen Hinweisen); Anmerkungen zur Entstehung der Glagolica und Kyrilliza sowie die nationalen beziehungsweise ethnischen und regionalen Ausbildungen der slawischen Sprachen in den vergangenen Jahrhunderten; Probleme und Folgen im 19. und 20. Jahrhundert.

Abschließend weist Rohrbach darauf hin. Dass heute in Serbien und Kroatien lediglich Serbisch und Kroatisch, in Bosnien beide Sprachen und Bosnisch gesprochen werden; die Bezeichnung „Serbokroatisch" wird nicht mehr gebraucht.

Das politische Verschwinden der panslawischen Erscheinungsform des Austroslawismus kann jedoch insofern als kulturell nach- und weiterwirkend angesehen werden, wie die Entwicklung der Slawistik in Wien zeigt. Die Anwendung ihrer Erkenntnisse könnte für die Gestaltung der gegenwärtigen gesellschaftlichen Verhältnisse und einer friedlichen Zukunft besonders der (süd)slawischen Völker und ihrer Staatswesen hilfreich und orientierend sein, wenn sie die Entstehung ihrer kulturellen, sprachlichen und damit verbundenen nationalen Eigenarten und mentalen Identitäten begreift, berücksichtigt und nicht durch verfehlte europolitische Einbeziehungen oder willkürliche Konstruktionen, durch ebensolche gefährliche geopolitische Ambitionen und Rivalitäten oder durch die Bildung und Verwendung unsinniger Bezeichnungen und politische Instrumentalisierungen wie „Westbalkan(staaten)" ersetzt.

2.2 Illyrismus[6]

Der *Illyrismus* (kroat. *ilirizam, ilirski prokret*) ent- und bestand als eine regionale südslawische Alternative zum Austroslawismus zwischen 1830 und 1848. Seine Hauptvertreter waren der kroatische Doktor beider Rechte Ljudevit Gaj (Auszüge von Kulik zu Gaj im Anhang) und der ebenfalls universitär graduierte kroatische Intellektuelle Graf Janko Drašković.

Diese kulturelle und politische Ziele verfolgende Bewegung des kroatischen nationalen Erwachens bezog ihre Bezeichnung auf die Illyrer, einer vorgeschichtlichen Bevölkerung und dem daraus abgeleiteten Namen der von ihnen bewohnten Gebiete. Allerdings waren und sind deren geografische und ethnische Herkunft und Existenz nicht geklärt und umstritten.

In manchen Darstellungen wurden und werden sie lediglich als legendarisch, in griechischen und römischen Quellen wurden Illyrer und Illyrien hingegen als existent angesehen. Danach wären die Illyrer präsüdslawische Stämme und ihre Aufenthaltsgebiete die östlichen Küstenländer der Adria zwischen dem Golf von Triest und dem nordwestlichen Peloponnes gewesen. Kaiser Diokletian ordnete diese Küstenländer im

---

[6] Kunik, E. E.: Ljudevit Gaj und der Illyrismus (= Jahrbücher für slawische Literatur, Kunst und Wissenschaft 1/1843); Leipzig 1843. Nötzel, K.: Der entlarvte Panslavismus und die große Aussöhnung der Slaven und Germanen; München/Leipzig 1914. Fischel, A.: Der Panslawismus bis zum Weltkrieg. Ein geschichtlicher Überblick; Stuttgart/Berlin 1919. Kohn, H.: Die Slawen und der Westen. Die Geschichte des Panslawismus; Wien/München 1956. Maissen, A. P.: Wie ein Blitz schlägt es aus meinem Mund. Der Illyrismus: Die Hauptschriften der kroatischen Nationalbewegung 1830–1844; Bern 1998.

Zuge seiner administrativen Umgestaltungen des Reiches um 297 als Diözese (Präfektur/Provinz) *Illyricum* in das Imperium Romanum als eines seiner vier großen Bestandteile (mit Ausnahme Thrakiens) ein.

Nach jahrhundertelangen wechselvollen politischen Herrschaften und territorialen Zugehörigkeiten wurden die Küstenländer von 1809 bis 1814 Bestandteil der napoleonischen Illyrischen Provinzen und kamen nach 1814 zu Österreich. Ihr weiteres Schicksal ist bekannt und vielfach beschrieben worden.

Gaj und seine Anhänger gaben ihrer Bewegung mit dem Bezug auf die teils als sagenhaft bezeichneten Vergangenheiten der Bevölkerungen den Namen *Illyrismus*. Dies wurde im Jahre 1843 seitens der österreichischen Regierung verboten und durch die Bezeichnung „südslawisch" ersetzt, aus der dann viel später „jugoslawisch" wurde.

Gaj gab mit Genehmigung des Wiener Hofes im Jahre 1835 die Zeitung *Novine Hrvatske* heraus, 1836 in *Ilirske Narodne Novine* umbenannt. Sie erschien nicht mehr im kajkavischen, sondern bereits im štokavischen Idiom. Das hing damit zusammen, dass Gaj und seine Mitstreiter anstrebten, für die Vereinigung der Kroaten, Serben und Slowenen eine gemeinsame Sprache auf der Grundlage des ragusanischen Idioms (Dialekts) zu schaffen.

Die Illyristen strebten an, im Rahmen der Monarchie eine Gleichstellung mit dem Ungarischen Königreich, seiner Bevölkerung und ihrer staatsrechtlichen Stellung, ihrer Sprache und Kultur, ein Illyrisches Königreich zu schaffen, das außer Kroatien, noch Gebiete oder Teile der Militärgrenze, Bosniens und Sloweniens umfassen sollte. Diese Forderung wurde von dem Grafen Drašković bereits 1831 in der *Dissertatia iliti Rasgovor* erhoben. Auf seine Anregungen wurde 1838 in Zagreb eine Lesehalle, ähnlich den in Bulgarien etwa zur gleichen Zeit entstandenen Lesestuben, 1840 das Nationaltheater in Zagreb, 1842 die *Matica ilirska* gegründet.

Die Vertreter dieser Richtung hatten im Unterschied zu den Austroslawisten die dadurch entstandenen Schwierigkeiten auszugleichen oder zu überwinden, dass die Kroaten von anderen südslawischen Bevölkerungen, deren Sprachen und Schriften, Kulturen, Lebensweisen und Mentalitäten, durch ihre starken Bindungen an die katholische Konfession und Kirche und ihre lange Beherrschung durch die Ungarn und andere getrennt waren.

Gegen ungarnfreundliche Haltungen von Gruppen des kroatischen Adels, als „Madjaroni" verspottet, wurde eine kroatische nationale Partei (*Ilirska stranka*) gegründet, die für eine kroatische Autonomie und die Einführung des noch zu schaffenden „Illyrischen" als kroatische Amtssprache eintrat.

An dieser Stelle ist es erforderlich, einige Bemerkungen zum ersten Slawenkongress und den ihm folgenden (Anhang) einzufügen, weil die Geschichte des Austroslawismus unmittelbar oder mittelbar mit der des Illyrismus und mit diesem Slawenkongress verbunden ist: Unter dem Eindruck europäischer Revolutionen mit verschiedenen Ursachen, Verläufen und Folgen um und nach 1830 in Frankreich, Belgien, Deutschland und Österreich – dies wird auch als „Völkerfrühling" beschrieben – entstanden in einigen Teilen Österreichs revolutionäre Aktionen, welche die habsburgische Monarchie in ihrem Bestand unter dem gerade Kaiser gewordenen Franz Joseph I. zwar erschütterten und bedrohten, dann jedoch 1849 mit Hilfe der Truppen des russischen Zaren Nikolaus I. blutig niedergeschlagen wurden. In der ersten Phase der Revolution im Jahre 1848 erhielten austroslawische Bestrebungen der Tschechen, Slowaken, Slowenen und anderer slawischer Bevölkerungen der Monarchie einen zeitweiligen Auftrieb und so wurde durch Palacký und seinen Schwiegersohn Rieger für Juni 1848 ein Slawenkongress nach Prag einberufen. Die Kroaten waren durch Strossmayer, den Bischof von Đakovo, die Polen durch den Grafen Goluchowski vertreten, serbische, slowenische, ukrainische, ruthenische Personen oder Vertreter anderer slawischer Gruppen waren nicht eingeladen. Für die Russen war Bakunin erschienen, jedoch nicht als deren Repräsentant, sondern der als anarchistischer Unruhestifter die ohnehin unrealistischen Forderungen der Ukrainer, die im Kongress gar nicht vertreten waren, zurückwies und so weitere Konfusionen und Kontroversen erzeugte. Palacký und Rieger bemühten sich hingegen mit geringer Wirkung um einen geordneten Verlauf des Kongresses, um ein Ergebnis zu sichern.

Sie forderten für die habsburgische Monarchie eine föderative, staatsrechtliche Lösung zwischen deutsch-, magyarisch- und slawischsprachigen/-stämmigen Bevölkerungsgruppen, auch um deutschen („germanischen") expansionistischen, magyarischen und russischen hegemonialen Ansprüchen begegnen zu können, wie sie meinten.

Palacký hatte bereits die Einladung des Präsidenten der Frankfurter Nationalversammlung, an deren Beratungen und Beschlüssen teilzunehmen, mit der Begründung angelehnt, er sei kein Deutscher, sondern Slawe, nicht legitimiert, die Slawen zu vertreten und es gäbe für ihn und seine Mitstreiter andere Aufgaben zu lösen.

Die „Föderation gleichberechtigter Völker" in der habsburgischen Monarchie, ihrem staatlichen Existenzraum, der so Palacký, „wenn er nicht schon bestünde, geschaffen werden müsse"; zu verwirklichen, sei die gegenwärtige Aufgabe. Dazu wurde auf dem Kongress zunächst mit der Beratung folgender Fragen oder Themen begonnen: Die Bedeutung der österreichischen Slawen für den Bestand und die Zukunft der Monarchie; die Beziehungen zu nicht österreichischen Bevölkerungen und zu nicht österreichischen Slawen; die Beziehungen zu nicht slawischen Völkern Europas, besonders zu den unmittelbaren territorialen Nachbarn.

Die Bedeutung der österreichischen Slawen für den Bestand und die Zukunft Österreichs hatte bereits Linhart am Schluss seines Werkes gegen Ende des 18. Jahrhunderts betont.

Während am Beginn des Kongresses wohl noch weitgehend Übereinstimmung darin bestand, die sprachlichen und kulturellen Verbindungen der slawischen Bevölkerungen der Monarchie politisch und rechtlich auszugestalten, und auch darin, dass die Slawen neben den Germanen und Romanen der dritte Hauptzweig der (europäischen) Menschheit seien, kam es danach zu gegensätzlichen, unvereinbaren Auffassungen: Die nicht anwesenden Ukrainer und Ruthenen wie die polnischen Emigranten ließen durch andere erklären, dass die einen Hilfe gegen die polnischen, die anderen gegen die russischen Unterdrücker erwarteten. Der russische Zar Nikolaus I. wurde von allen als „Feind aller Slawen" verurteilt.

Während die Südslawen die Magyaren als ihre entschiedensten Gegner bezeichneten, hielten die Polen sie für ihre engsten Freunde. Die polnischen Vertreter waren nicht bereit, ihren politischen Anspruch auf Freiheit und Einheit mit den Ansprüchen anderer in polnischen Gebieten lebenden Slawen zu vereinbaren, und bestanden darauf, dass die Wiederherstellung eines polnischen Staates entsprechend dem ethnischen und sprachlichen Charakter der Bevölkerung stattfinden müsse. Es sei zu berücksichtigen, dass die übergroße Mehrheit der Polen katholisch ist.

Der Kongress zerfiel zunehmend in kontrovers agierende Gruppen und erbrachte keine greifbaren Ergebnisse; man einigte sich lediglich darauf, dass er künftig jährlich stattfinden solle. Die von österreichischen Teilnehmern erhobene Forderung nach einer Föderation wurde abgelehnt. Der Kongress geriet in den Pfingstaufstand 1848 in Prag und wurde aufgelöst. Versuche, ihn 1866 in Wien auf polnische Anregung hin fortzusetzen, gelangen nur teilweise.

Nach dem österreichisch-ungarischen Ausgleich von 1867 reiste eine Gruppe von Tschechen mit Rieger, Kroaten, Ruthenen (Ukrainern) und Slowenen am 15. Mai 1867 nach Moskau zu einer slawisch-ethnografischen Ausstellung, die von einem slawischen Komitee organisiert wurde; daraus ging der zweite Slawenkongress 1867 in Moskau hervor. Er fand unter gleich mehreren ungünstigen Vorzeichen statt: In Russland hatte inzwischen eine neue slawophile Bewegung mit chauvinistischen und fremdenfeindlichen Positionen die Meinungsführerschaft übernommen. Die russische Demütigung und Niederlage im Krimkrieg 1853–1856 hatte dies verstärkt. Außerdem wuchs die Furcht vor Revolutionen, Unruhen und Volksaufständen.

Die Führungsansprüche der russischen Slawophilen gegenüber anderen slawischen Völkerschaften wurden mit hohlen Phrasen verkleidet, gleichzeitig wurde erklärt, Russisch müsse hinfort die offizielle Sprache aller Slawen sein.

So entstand der zutreffende Eindruck, dass diese Slawophilen eine sprachliche und kulturelle Russifizierung der nicht russischen slawischen Bevölkerungen des östlichen und südöstlichen Europa, verbunden mit einer religiösen Orthodoxisierung anstrebten und dass aus diesem Panslawismus ein hegemonialer großrussischer Panrussismus werden sollte.

Die ukrainische und die polnische Frage wurden nicht diskutiert, die Polen waren dem Treffen nach dem durch russische Truppen niedergeschlagenen, durch innerpolnische Rivalitäten planlos geführten und gescheiterten polnischen Aufstand von 1863 demonstrativ ferngeblieben.

Rieger bemühte sich letzten Endes wieder vergeblich um Ausgleich und Kompromisse, so verlangte er in Übereinstimmung mit anderen, der Kongress solle erklären, dass künftig kein slawisches Volk gegenüber einem anderen Herrschaftsansprüche erheben oder versuchen solle, sie durchzusetzen.

Er forderte, dass die Polen die Rechte der Ukrainer und Russland die der Polen anerkennen sollten. Seine Erklärungen gegen die Russifizierung der Balkanslawen wurden von anderen unterstützt. Das Prinzip des Panslawismus müsse künftig Selbstbestimmung, Autonomie und Verschiedenheit, nicht Hegemonie und Unterordnung sein.

Es gab Vorschläge zur Gründung einer panslawischen Universität, zur Gründung von Verlagen und Zeitschriften, jedoch keine entsprechenden wirksamen Beschlüsse.

Man beschloss, alle zwei Jahre zusammenzukommen. Versuche, einen nächsten Kongress 1908 in Prag einzuberufen, gelangen erst 1909 in Sofia, dann noch einmal 1910 in Petersburg.

Die politische Situation in ganz Europa, besonders im Osten und Südosten, hatte sich inzwischen vollkommen verändert, die Zeichen standen auf Krieg. Die Bedeutung und Wirkung panslawischer Ideen und Programme hatten sich aufgelöst.

Währenddessen agierten die kroatischen Illyristen um Gaj noch objektiv und subjektiv in einem Spannungsfeld, dessen Wirkungen die Kurzlebigkeit ihrer Bewegung bedingten. Sie lebten in den Rivalitäten zwischen katholischer und serbisch-orthodoxer Religion und Geistlichkeit, zwischen schriftsprachlicher Latinität, teilweise noch gebräuchlicher Glagolica und der Kyrilliza. Mit den gegensätzlichen kirchlich-konfessionellen Bindungen und den damit verbundenen politischen Haltungen von Teilen der kroatischen Bevölkerung waren tiefgreifende Wirkungen auf ihre Lebensweise und Kultur, ihre Mentalitäten, Gebräuche und Sitten verbunden. Die Gruppe der Gebildeten, die erste Generation einer kroatischen Intelligenz, bestehend aus adligen und bürgerlichen, geistlichen und weltlichen Personen, waren nach ihrer Anzahl verhältnismäßig klein, teilweise jedoch wie Gaj hoch gebildet. Die Mehrheit der kroatischen Bevölkerung bestand aus kaum gebildeten, oft noch analphabetischen Bauern, Handwerkern,

Händlern, auf dem Lande lebenden Menschen. Es gab wiederholt ethnische Konflikte zwischen Kroaten, Serben und anderen Gruppen. Diese Vertreter der Kroaten galten im Gegensatz zu ihren magyarischen Nachbarn als monarchie- und kaisertreu, nicht wie diese unruhestiftend und öfter gegen das Kaiserhaus rebellierend.

Die kleinen Gruppen der kroatischen gebildeten Wortführer fühlten sich davon bedroht, dass sie wiederholt Versuchen der Austrifizierung, auch als „Germanisierung" empfunden und beschrieben, der Magyarisierung, die seitens der magyarischen lokalen, regionalen, der transleithanischen Provinz- oder Reichsgewaltigen tatsächlich betrieben wurde, und der durch von russophilen orthodoxen serbischen Personengruppen (Adlige, Geistliche, Intellektuelle) vertretenen religiös verbrämten Orthodoxisierung und damit transportiert auch einer politischen russischen Einflussnahme und Bevormundung ausgesetzt waren. Den Wirkungen dieser Spannungsfelder unterlagen die Illyristen schließlich.

2.3 Polnischer Messianismus[7]

Einleitend sind einige kritische Bemerkungen zur Begriffsbildung erforderlich. Die Verwendung des Messias-Begriffs entspricht nicht seiner ursprünglichen religiösen Herkunft und Bedeutung in den jüdischen Überlieferungen, besonders der bereits vor ihnen entstandenen Prophezeiungen, den Texten der jüdischen Bibel (Pentateuch) und anderen Quellen seit dem 6. vorchristlichen Jahrhundert. Danach war der Messias (hebr. *maschiach*), der „Gesalbte", ein Erlöser und Heilsbringer für das jüdische Volk, um es von seinen Plagen und Sünden zu befreien, aus der Zerstreuung (Diaspora) zu erlösen, zu seiner Größe und Herrlichkeit zurückzuführen. Das Erscheinen und Wirken dieses Messias ist mit Endzeitvorstellungen verbunden.

In der christlichen Vereinnahmung, die sich allein auf Jesus von Nazareth, also auf Christus bezieht, werden diesem eine „königliche Herkunft aus dem Hause Davids", die er allerdings nur gleichnishaft erklärt, sowie durch Kreuzestod und Auferstehung eine weltumspannende Erlöserrolle für alle an ihn glaubenden Menschen, die Gründung einer neuen Religion, einer drei Wesenheiten umfassenden Gottesvorstellung sowie andere aus anderen Religionen stammende Merkmale zugeschrieben. Der jüdische Messias wurde weder gekreuzigt noch ist er von den Toten auferstanden. Deshalb sollte es in dieser christlichen Vereinnahmung besser und richtiger nicht Messianismus, sondern „Christologie" oder ähnlich heißen.

Diese Erscheinungsform wird also auch hier, im Zusammenhang mit dem Panslawismus, unter einem kritischen Vorbehalt behandelt. Sie wird verwendet, weil sie allgemein eingeführt und gebräuchlich, nicht weil sie unkritisch zu sehen ist. Außerdem erscheint sie etwa gleichzeitig mit anderen panslawistischen Bewegungen in einem westslawischen, dem polnischen Volk. Allerdings geschieht dies mit einer eigenartigen Verbindung von religiös-katholischer, christologischer, auch mariologischer und panslawisch-hegemonialer Ideologie mit dem Anspruch, als geteiltes und unterdrücktes Volk für andere slawische Völker,

---

[7] Castellan, G.: Gott schütze Polen! Geschichte des polnischen Katholizismus 1795–1982. Mit einer Einführung von Paul Wilhelm Wenger. Freiburg/Heidelberg 1983. Kann, R.: Das Nationalitätenproblem der Habsburgermonarchie, 2 Bde.; Graz-Köln 1964. Manteuffel-Szoege, G. v.: Geschichte des polnischen Volkes während seiner Unfreiheit 1772–1914; Berlin 1950.

die unter fremder Herrschaft litten, für sich selbst und damit auch für die anderen den Kampf um die Befreiung zu führen: „Für eure und für unsere Freiheit."

Ihre Vertreter zeigten jedoch gegenüber den Bestrebungen anderer slawischer Bevölkerungen kaum oder keine solidarischen, sondern elitäre Haltungen, vertraten überdies gegenüber den Russen eine unversöhnliche, auch religiös begründete Feindschaft und gegenüber Ukrainern oder Ruthenen, die als halbbarbarische Bauern- und Bergvölker betrachtet und missachtet wurden, eine groteske Überheblichkeit.

Der polnische Messianismus entstand, zum Teil in Kreisen des polnischen Adels im Lande und besonders in der französischen Emigration, aus verschiedenen Gründen und Ursachen; er hatte elitäre, reaktionäre, antirevolutionäre, klerikale Ansprüche und Züge, die vergleichbar in anderen sich ebenfalls als panslawisch verstehenden Bewegungen so nicht vorhanden waren. Überdies waren es geschichtliche und gesamtgesellschaftliche, politische, staatliche und rechtliche Defekte und Fehlkonstruktionen der Polnisch-Litauischen Union, die im Ganzen egomanische und irrationale, selbstzerstörerische Rolle von Teilen des polnischen Adels, der sich anmaßte, allein „die Nation" zu sein, zu repräsentieren und mit dem *Liberum veto* die Tätigkeit des Sejm und die Stellung des Königtums jahrelang diskreditierte und schließlich demontierte; es waren historische Ereignisse wie katastrophale kriegerische Kollisionen zwischen Russen und Polen und die verworrenen inneren Zustände mit ihren rivalisierenden, russophilen und russophoben oder noch anders orientierten und agierenden Adelskonföderationen.

Hinzu kamen die durch eine bigotte religiöse, katholische Frömmig- und Gläubigkeit und eine damit verbundene und beanspruchte Opferrolle, um das Selbstmitleid durch einen pseudoreligiösen Anspruch zu erhöhen und zu verklären: *Polska chrystusem narodów*, diese Wendung wird Mickiewicz zugeschrieben. Die selbstgewählte und beanspruchte Rolle Polens als „Christus der Völker" – unterworfen, geteilt, gestorben und wieder auferstanden beziehungsweise in Erwartung der Auferstehung – bezog sich allerdings nur auf möglichst katholische slawische Völker, die begannen, gegen die sie beherrschenden Mächte ihre kulturelle Identität wieder zu entdecken und dies wenigstens zum Teil mit dem Bestreben nach nationaler Souveränität zu verbinden. So entstanden irrationale Programmschriften eines „polnischen messianistischen Slawismus mit metaphysischen Träumen, poetischer Schwülstigkeit und hehren Wahnvorstellungen" (Kohn).

Weitere geschichtliche Ereignisse haben hierzu entscheidend beigetragen: die Teilungen Polens und die Vernichtung des polnischen Staates durch Russland, Preußen und Österreich in den Jahren 1792, 1793 und 1795; der vergebliche Versuch, mit der Mai-Verfassung von 1791 die Existenz des zerrütteten Staatswesens noch zu retten; die Niederlage des Aufstandes unter Kościusko gegen die Russen unter Suvorov auf dem Schlachtfeld von Maciejowice im Oktober 1794 und dessen wohl mehr legendarischer als authentischer Ausruf vom *Finis Poloniae!*; durch die Russen niedergeworfene polnische Aufstände von 1830/31 und erneut 1863; schließlich das Bewusstsein, zwar eine bedeutende europäische, aber eine „Kulturnation ohne Staat", in der europäischen Politik nur noch Beute oder Manövriermasse einiger Großmächte, besonders Russlands zu sein.

Die ersten religiös noch um einen Ausgleich mit Russland bemühten und in dieser Hinsicht auch mögliche europäische Lösungen andeutenden Äußerungen wie auch panslawistische Bemerkungen stammen von dem katholischen polnischen Geistlichen und Gelehrten Stanisław Staszic. Er setzte sich für soziale Reformen in Polen ein und versuchte, das wissenschaftliche Leben zu organisieren. In der neu gegründeten Warschauer Gesellschaft der Freunde der Wissenschaften trug er im August 1815 „Gedanken über das politische Gleichgewicht in Europa" vor: Die Slawen, Polen und Russen seien berufen, in Europa Einheit und

Freiheit zu gestalten, während die Deutschen dies zu verhindern suchten. Nur slawische Völker könnten unter polnischer und russischer Führung eine europäische Föderation gestalten, Kriege unmöglich machen und einen dauerhaften Frieden sichern. Das polnische Volk sei berufen, gemeinsam mit dem russischen eine politische und kulturelle Führungsrolle in und für Europa zu übernehmen. Er war der Ansicht, dass Polen dies nur in einer Übereinkunft und mit Unterstützung Russlands erreichen könnte.

Ähnliche, in einem gewissen Sinne noch panslawistische, um eine Verständigung mit Russland bemühte Auffassungen, allerdings bereits polnisch-messianistisch gefärbt, vertraten die polnischen Philosophen August Cieszkowski und Bronisław Trentowski. Die Ansichten Cieszkowskis waren christlich-chiliastisch und enthielten entsprechende transzendente Endzeitvorstellungen. Trentowski hingegen hoffte auf ein künftiges Zusammenwirken eines wieder vereinten, unabhängigen Polen mit einem liberalen Russland. In seinen Krakauer Vorlesungen verkündete er, „wenn er Zar wäre, würde er ein friedliches, glückliches panslawistisches Reich gründen und überall das Banner der Freiheit errichten" (Kohn).

Hiermit begänne eine „dritte Ära der Weltgeschichte".

Unter dem Eindruck der von Russland niedergeschlagenen polnischen Erhebungen, durch die russische Politik in der mit den Teilungen russisch besetzten östlichen Hälfte Polens und die vergeblichen Hoffnungen, dass der Wiener Kongress den polnischen Staat wenigstens formell wieder herstellen könnte, sowie die russischen Einwirkungen auf die getroffenen scheinbaren Lösungen der „polnischen Frage" veränderten sich diese Züge im polnischen Messianismus. Seine pseudo-christologisch begründete Opferrolle wurde zunehmend antirussisch und verstärkt religiös romantisch, illusionär und irrational.

In europäischen Ländern, wie beispielsweise in Deutschland, entstanden 1830/31 sogenannte „Polenbegeisterungen"[8], nachgeahmte „polnische Lebensweisen" in Liedern, Tänzen, Trachten und teilweise religiös oder romantisch geprägte polonophile Auffassungen (A. v. Platen, L. Uhland, A. v. Chamisso, G. Schwab und andere).

In der französischen Zeitung *L'avenir* im Juli und September 1831 war in mehreren Beiträgen des katholischen Theologen und Schriftstellers Félice Robert de Lamennais zu lesen, dass „polnisches Blut für Frankreich geflossen sei und Polen unter dem Kreuz wiedergeboren werde".

In Polen und in der dem niedergeschlagenen Aufstand von 1831 folgenden „großen Emigration" von einigen Tausend polnischer Adliger, Gelehrter, Schriftsteller und anderer wirkten besonders Ignacy Lelewel, Józef Hoene-Wroński, Andrzej Towiański, Kazimierz Brodziński, Zygmunt Krasiński, Juliusz Słowacki und der bedeutendste polnische Schriftsteller Adam Mickiewicz, der allerdings nur kurze Zeit in Polen gelebt hatte, Warschau oder Krakau wohl nicht kannte.

Hoene-Wroński veröffentlichte 1831 eine Programmschrift mit dem Titel *Messianismus;* Mickiewicz entwarf in seinem Werk *Dziady* (Totenfeier) die Geschichte des polnischen Martyriums, verbunden mit der Schilderung blutiger Opfer im Kampf gegen die Russen, dem daraus erwachsenden unversöhnlichen Hass gegen diese Unterdrücker und verkündete die mystische Vision des polnischen Volkes am Kreuz, dort leidend wie Christus und wie dieser wieder auferstehend.

Er träumte von einer slawischen Föderation, die nur gegen Österreich, Russland, Preußen nach deren Zerstörung durch einen wieder hergestellten polnischen Staat entstehen könne. In Vorlesungen im Collège de France 1843 in Paris und in einer Rede in Florenz 1848 begründete er „messianistisch" philosophisch

---

[8] Hallgarten, W.: Studien über die deutsche Polenbegeisterung in der Periode der März-Revolution; München/Berlin 1928. Jeismann, K.-E. (Hg.): Die deutsch-polnischen Beziehungen 1831–1848; Braunschweig 1979.

und historisch die geschichtliche Mission Polens, der „gekreuzigten, wieder auferstehenden Nation" und ihrer Führungsrolle für die durch sie künftig vereinigten slawischen Völker. Er prophezeite, dass nach der Wiederauferstehung Polens wie der Christi die Kriege in der Christenheit enden würden. Die Polen seien wie kein anderes Volk berufen, „den Weg des Kreuzes", des Heils und der Erlösung der Völker zu gehen (Anhang).

Die Kontroversen zwischen den politischen Gruppierungen setzten sich in der Emigration in Paris fort. Es gab zwei Lager, die „Weißen" und die „Roten" mit ihren Anführern und ihren Pariser Hauptquartieren, die sich politisch öffentlich bekämpften.

Einige Äußerungen von Mickiewicz werden hier erneut hervorgehoben, weil sie bis in die Gegenwart im politischen und kulturellen Leben Polens eine identitäts- und sinnstiftende Rolle spielen. Verbindungen des Schicksals des polnischen Volkes mit dem des jüdischen sind auch deshalb bemerkenswert, weil sie damals wie heute mit in Polen festzustellenden antijüdischen Haltungen und Stimmungen in einem offensichtlichen Widerspruch standen. Den Bezug aufeinander stellt er mit der Heilserwartung beider auf die Ankunft eines Messias und die durch ihn stattfindende Erlösung von Knechtschaft und Unterdrückung her. Diese Verknüpfung ist auch deshalb aufschlussreich, weil zu Lebzeiten von Mickiewicz ein großer Teil der polnischen Bevölkerung aus aschkenasischen Juden bestand. Möglicherweise hat eine Rolle gespielt, dass Mitglieder der Familie jüdischer Herkunft waren. Das ist jedoch eine biografisch nicht gesicherte Annahme.

Mickiewicz war ein Bewunderer und Verehrer Napoléons, den er als die „vollkommenste Verkörperung der Geschichte" ansah und dessen Wirken er mit Jesus Christus verglich und gleichsetzte.

Die Rolle des polnischen Volkes in der Menschheitsgeschichte wurde von ihm bereits, wie gesagt, in einer Vorlesung vom 21. Februar 1843 am Collège de France und dann in einer Rede in Florenz am 19. April 1848 (Anhang) mystisch überhöht und er erklärte, dass Polen von Gott für seine Opfer- und Befreiungsmission für andere slawische Völker auserwählt sei und dass die Mission der slawischen polnischen Nation darin bestünde, die Menschen zur Wahrheit und zu Gott lenken. Mickiewicz und Słowacki hinterließen religiöse Visionen, in denen dem „Kreuz", den „Kreuzesarmen" eine mythische Bedeutung und Wirkung für das gemarterte polnische Volk und die zu erlösenden anderen slawischen Völker Europas zugeschrieben wurden.

In manchen Darstellungen werden Vergleiche oder Parallelen zwischen polnischem und einem auch so genannten russischen Messianismus gezogen. Das ist jedoch und unter einem kritischem Vorbehalt nur insofern richtig, als sich diese russische Erscheinungsform zwar auch „messianisch" gebärdete, indem sie beanspruchte, dass „am russischen Wesen die Welt, die kranke europäische Zivilisation an der gesunden russischen Kultur genesen solle", was besonders von Danilevskij vertreten wurde.

Damit war jedoch kein „messianischer", pseudo-christologischer Erlösungs-, sondern vielmehr ein all- oder großrussischer Führungsanspruch über die russischen und nicht russischen slawischen, besonders der orthodoxen Konfession angehörenden Völker verbunden. Weil im russischen Selbstverständnis eine unauflösbare Einheit zwischen zarischer Autokratie und religiöser Orthodoxie bestand, nahm dieser Panrussismus auch „quasi-religiöse" Züge an; er war jedoch nichts weniger als eine „Erlösungsreligion", sondern ein Herrschaftsanspruch in wenigstens europäischen Dimensionen, der mit dem Bezug auf historische und religiöse Ereignisse begründet wurde. Als im Jahre 1453 die Osmanen das „zweite Rom" Konstantinopel eroberten und damit das tausendjährige byzantinische Reich vernichteten, erhoben um 1500 russische orthodoxe Geistliche in einer Denkschrift an den Moskauer Großfürsten die Forderung, „das zweite Rom" sei gefallen, nun müsse sich das russische Großfürstentum zum „dritten Rom erklären, weil es ein viertes nicht geben werde", und damit die geistliche und weltliche Führung mindestens der europäischen Christenheit übernehmen.

Diese groß- und allrussischen „messianischen" Ansprüche beriefen sich auf die orthodoxe Konfession, der polnische Messianismus auf die römisch-katholische, dabei ist jedoch zu berücksichtigen, dass – wie gesagt – für die russischen Politiker und Theologen zarische Autokratie und Orthodoxie, staatliche und kirchliche Herrschaft und Macht eine unauflösbare Einheit bildeten, hingegen im polnischen Verständnis die weltliche Gewalt der religiös-kirchlichen untergeordnet war. Das wird auch deutlich, wenn man berücksichtigt, dass im polnischen Wahlkönigtum Stellung und Wahl des Königs oft unter dubiosen Umständen, eben nicht „von Gottes Gnaden" waren, sondern durch dynastische, politische, pekuniäre Bestechungen, persönliche Intrigen, Ränke und andere Unwägbarkeiten zustande kamen.

Nötzel hatte den russischen Panslawismus heftig kritisiert[9]; allerdings sind seine teilweise apodiktischen, russlandfeindlichen Feststellungen umstritten. Er hat jedoch richtig darauf hingewiesen, dass der russische Panslawismus nur dem Versuch diente, eine despotische Herrschaft über alle slawischen Völker zu erringen, dass er ein „heuchlerisches, maskiertes Kosakentum, Schildträger russischer expansionistischer Politik" sei. Die sich „messianisch" gebärdenden Äußerungen der russischen Slawophilen (2.4) seien nichts anderes als hegemoniale und machtpolitische, pseudoreligiös verbrämte Ziele. Die Betonungen von Gleichsetzungen zwischen „polnischem und russischem Messianismus" sind also unrichtig.

Der polnische Messianismus wurde, wie dargestellt, zu einer geschichtlichen, moralischen und vor allem religiösen Sendung für die gesamte Menschheit erklärt, als eine Heilserwartung und Heilsbringung. Ausdrucksvoll und umfassend geschah dies durch Kazimierz Brodziński, Professor an der 1817 neu geschaffenen Universität Warschau, der am 3. Mai 1831 dort in einer *Adresse an die Warschauer Gesellschaft der Freunde der Wissenschaft* erklärte:

Die Nation ist eine eingeborene Idee, die von allen denen, die sie vereint, verwirklicht wird …

Gott schuf die Völker als getrennte Individuen wie die Menschen, damit sie als seine Instrumente die ganze Menschheit beeinflussen und die notwendige Harmonie der Welt errichten können. Der Unterschied zwischen einem Volk und einem Menschen liegt darin, daß ein Mensch für sein Volk sterben kann, nicht aber das Volk für die Menschheit, solange es sich seiner selbst bewußt ist und sich als Volk fühlt. Darüber hinaus wird in einer reifen Nation jedermann bereit sein, sein Leben zu opfern, damit die Nation für die Menschheit lebe … Früher hielt jedes Volk sich für Ziel und Mittelpunkt aller Dinge, so wie man die Erde als Mittelpunkt des Universums sah … Kopernikus entdeckte das System des materiellen Universums; nur die polnische Nation (und ich sage das frei und stolz auf mein Vaterland) ahnt die wahre Größe des moralischen Universums. Sie hat erkannt, daß jedes Volk nur Teil eines Ganzen ist … bildet ein zusammenhängendes und notwendiges Ganzes, dessen Kräfte sich im Gleichgewicht halten … Ich erkläre, daß die polnische Nation durch die Fügung des Himmels der Philosoph, der Kopernikus der moralischen Welt ist. Mißverstanden und verfolgt, wird sie dennoch weiterbestehen und Menschen finden, die sich gläubig zu ihr bekennen, und ihre Dornenkrone wird zu einer Krone des Sieges und der nationalen Herrlichkeit werden … Es ist die Idee der polnischen Nation, unter der Sonne der Religion den Baum der Freiheit und Brüderlichkeit zu hegen; die Rechte von Thron und Volk auf einer Waage zu wägen, die vom Himmel selber stammt; der großen Zeit gemäß zu wachsen und am Werk der Menschheit mitzuwirken. In allen Stürmen hat sie die Grenze bewacht, die Barbarei und Kultur trennt. Wunderbar wird sie sich aus dem

---

[9]   9 Nötzel, K.: Der entlarvte Panslavismus und die große Aussöhnung der Slawen und Germanen; München/Leipzig 1914.

Grab erheben und von dem Verbrechen gegen die Freiheit der Völker künden, das Unrecht, das ihr zugefügt wurde, bezeugen und so der Welt als warnendes Beispiel dienen.[10]

Der polnische Messianismus erreichte mit der bis heute in Polen wirkenden Marienverehrung, der Erhebung der „Jungfrau Maria zur *Regina Poloniae*", und mit Heilserwartungen, die wiederum messianische Züge annahmen, eigenartige und einmalige Ausdrucksformen. Das wird besonders in einem prophetisch anmutenden Gedicht deutlich, das von Juliusz Słowacki bereits 1848 verfasst, dessen Hoffnung dann am 16. Oktober 1978 mit der Wahl des Erzbischofs von Krakau, Karol Wojtyła, zum Papst Johannes Paul II. erfüllt wurde:

Der slawische Papst. Wenn die Gefahren am ärgsten drohen, dann läutet der allmächtige Gott eine gewaltige Glocke, dann gebietet er einem neuen, einem slawischen Papst, seinen Thron zu besteigen.

Wie in der Nacht ein Leuchten, so wird sein Antlitz strahlen, künftige Geschlechter leitet er zum Licht der göttlichen Arche.

Im All' des Herrn zu wirken, das fordert den Bund zwischen Hoffnung und Kraft, drum wendet euch eurem Bruder zu, dem neuen, slawischen Papst.

Nationen erdrücken die eigenen Waffen. Seine einzige Kraft ist die Liebe. Seine einzige Kraft sind die Sakramente, er, der die Welt in seiner Hand hält.

Stefan Kardinal Wyszyński hatte dem am Tage der Papstwahl in einer Eloge an Woityła unter der Anrufung *Unsere Liebe Frau von Jasna Góra, heilige Mutter Gottes, Polens Königin!* hinzugefügt: *Mutter der polnischen Erde, freue dich, du hast der Kirche ihren besten Sohn gegeben, geprägt und gehärtet in den Schlachten und Leiden der Nation.*[11]

Der polnische Papst hat diese Rolle während seiner gesamten Amtszeit mit globalen, weltpolitischen Ansprüchen, Folgen und Wirkungen gespielt und so dazu beigetragen, den Verlauf der Weltgeschichte am Ende des 20. Jahrhunderts zu ändern.

---

[10] Schulze, H.; Paul, I. U. (Hg.): Europäische Geschichte. Quellen und Materialien; München 1994, S. 1148–1149.
[11] Castellan, S. 301/302.

Drittes Kapitel

Panslawismus in Russland

Einleitend sind einige Bemerkungen zum Thema dieses Kapitels, auch in Hinsicht auf das bisher Dargestellte, erforderlich. Entstehungsursachen und Merkmale, Dauer und Wirkungen des russischen Panslawismus unterscheiden sich in so gut wie jeder Hinsicht völlig von den bisher behandelten „Panslawismen".

Der Austroslawismus und der Illyrismus entstanden in den ersten Jahrzehnten des 19. Jahrhunderts im habsburgischen Österreich und verloren in dessen zweiter Hälfte ihre Bedeutung und Wirkung. Der polnische Messianismus als eine nur polnische Erscheinung entstand aus der Teilung des Landes durch Russland, Preußen, Österreich und der engen Bindung der Mehrheit des polnischen Volkes an die katholische Konfession und Kirche mit einer besonderen christo- und mariologischen Ausprägung. In Verwandlungen wirkte er bis zur Wiederherstellung Polens als Staat als Merkmal seiner religiösen Identität bis heute.

Diese nur mit Vorbehalten als „Panslawismen" zu bezeichnenden Erscheinungsformen waren zeitlich und räumlich begrenzt; sie erhoben keine geistigen Führungsansprüche auf andere slawische Bevölkerungen in Europa mit Ausnahme des Herkunftslandes und -volkes.

Der russische „Panslawismus" war in jeder Hinsicht anders geartet, insofern ist er hinsichtlich seiner Entstehung und Merkmale, Dauer und Wirkung eine besondere Erscheinungsform.

3.1 Slawophile und Westler; großrussischer Messianismus

Die Bezeichnung „großrussischer Messianismus" erscheint in manchen Darstellungen, obwohl dies hinsichtlich des Messias-Begriffs und im Verhältnis zu anderen Panslawismen eigentlich unrichtig und erklärungsbedürftig ist. Das Thema gehörte jedoch zu den philosophischen, politischen und ideologischen Kontroversen schon zwischen russischen Slawophilen. Im Unterschied zu ihren Widersachern, den „Westlern" (*sapadniki*), werden sie als „Ostler", genauer als „Pan-Russophile" (*slavjanofili*) beschrieben. Ihre Auseinandersetzungen prägten das öffentliche, geistige und politische Leben im zarischen Russland zwischen dem Beginn der 1830er und dem Ende der 1880/1890er Jahre mit Folgeerscheinungen im 20. Jahrhundert.

Es gibt mehrere Auslöser für diese oft vehement ausgetragenen Kontroversen: Russische Intellektuelle wie besonders Karamzin hatten bereits am Ende des 18., zu Beginn des 19. Jahrhunderts europäische Länder bereist und bemerkt, welche epochalen und fundamentalen Unterschiede zwischen „westlichen" und „östlichen", den (west)europäischen und den russischen Kulturen und Lebensweisen bestanden. Dies waren zunächst jedoch nur wenige, durch ihre soziale Stellung und ihre Bildung privilegierte Personen. Ihre

Eindrücke verstärkten sich, als durch die Kriege am Beginn des 19. Jahrhunderts massenhaft russische Offiziere und Soldaten nun Kulturen und Lebensweisen europäischer Länder und Völker kennenlernten und die Rückständigkeit der russischen Verhältnisse wohl auch als eine Art „Kulturschock" wahrnahmen. Der mysteriös dargestellte Tod des Zaren Alexander I., dessen zunächst unklare, verworrene Nachfolge, die auch daraus entstehende militärische und niedergeschlagene Dezember-Revolte, die bereits vorher entstandenen revolutionären Gruppen wie der „Nord"- und der „Süd-Bund", und die in Teilen Europas – Angehörige der russischen Intellektuellen wenigstens teilweise, wenn auch in anderer Weise und Wirkung erreichenden – beginnenden Bestrebungen und Bewegungen des kulturellen Erwachens und der nationalen Wiedergeburten trugen dazu bei, dass im russischen geistigen Leben, zunächst ausgelöst durch Personen wie Čaádaev, nun durch andere Positionen vertreten wurden, die heftige Auseinandersetzungen der sich öffentlich bekämpfenden Fraktionen der „Westler" und der „Slawophilen" auslösten.

Im Band der *Enzyklopädie des europäischen Ostens: Europäer und Russen. Wahrnehmungen aus einem Jahrtausend* werden im Kapitel 6.2: Čaádaev, Danilevskij, Tjutčev, Kireevskij, Dostoevskij[1] und deren Ansichten zum Verhältnis Russlands, der Russen zu Europa behandelt. Hier folgen nun die panslawisch-großrussischen Auffassungen der folgend Genannten; sie sind dazu gewissermaßen die „Kehrseite der Medaille" (Anhang).

Čaádaev, zunächst entschiedener Gegner der Russo-/Slawophilie, zeitweise überzeugter Monarchist und Anhänger der Lehren von de Maistre, hatte bereits in seinem *Lettre écrite à une dame* die kulturelle Rückständigkeit Russlands gegenüber (West)Europa und sein apologetisches Verhältnis, seine geradezu hörig zu nennende Rückbindung auf sein „byzantinisches Erbe" beklagt. 1836 veröffentlichte er in der Zeitschrift *Teleskop* den bereits 1829 entstandenen *Philosophischen Brief*, der das gebildete Russland wie ein „Pistolenschuß in dunkler Nacht" (Herzen) aufschreckte. In einer Zeit, als Zar Nikolaus I. und sein Kultusminister Uvarov begannen, Russland nach dem Dekabristenaufstand unter der Losung „Autokratie – Orthodoxie – Volkstum" wieder zu disziplinieren, erklärte Čaádaev, dass Russland keine eigene Geschichte und nur die byzantinische Orthodoxie als „idée défiguree" habe. So sei eine Geschichts- und Kulturlosigkeit entstanden und Russland damit von der römisch geprägten kulturellen und sozialen Entwicklung des westlichen Europa ausgeschlossen. Der russische Staat sei die späte Fortsetzung der barbarischen mongolisch-tatarischen Fremdherrschaft, die seine Rückständigkeit nach wie vor bestimme; eine Veränderung dessen könne, wenn überhaupt möglich, nur durch die von Peter I. versuchte „Europäisierung Russlands" erreicht werden.[2]

Der gebildete, gut aussehende Gardeoffizier galt in Petersburg als Salonlöwe (*le beau Tchadaeff*), war ein Freund Gribojedovs („Verstand schafft Leiden"), Pozzo di Borgos (eines in russischen Diensten stehenden korsischen Diplomaten und Gegner Napoléons). Pozzo beschrieb diesen aristokratischen russischen Rebellen als *un russe parfaitement comme il faut*. Die Fürstin Golyzina, sie galt als eine der gebildetsten Frauen Russlands, lernte ihn während des Krieges 1813/15 in Paris kennen und bewunderte ihn.

---

[1] Geier, W.: Europäer und Russen. Wahrnehmungen aus einem Jahrtausend (= Wieser Enzyklopädie des europäischen Ostens WEEO, Bd. 20.2); Klagenfurt/Celovec 2018, S. 95–104.

[2] Eine der gründlichsten und sachkundigsten Darstellungen der Entstehung, Wirkungen und Folgen dieses „Pistolenschusses in dunkler Nacht" und darüber hinaus der russischen Geistesgeschichte vom 18./19. bis zum beginnenden 20. Jahrhundert ist die Studie von Alexander von Schelting: Rußland und Europa im russischen Geschichtsdenken. Auf der Suche nach der historischen Identität (Bern 1948); (= edition tertium, Russische Bibliothek); neu hg. u. m. e. Nachw. v. Ch. Uhlig; Ostfildern vor Stuttgart 1997.

Zwischen 1822 und 1826 hielt er sich im europäischen Ausland auf. In seiner philosophischen Bildung, an der Moskauer Universität hörte er von einem Sohn Schlözers und anderen Vorlesungen über Kant und Schelling, nach seinen Europa-Erfahrungen und von den von Zeitzeugen beschriebenen vorzüglichen Französisch-Kenntnissen sowie in einigen seiner weiteren Ansichten über Ursachen der Gegensätze zwischen der (west)europäischen und russischen Kultur war er Karamzin ähnlich. Bis 1818 war er Mitglied der Petersburger Freimaurerloge „Amis Réunis" und nahm dann seinen Abschied von der Garde.

Puškin widmete ihm ein ironisches Epigramm: *Ein Brutus wäre er in Rom gewesen / und in Athen ein Perikles*, und der Wahl dieser Figuren folgte: *Jedoch bei uns – unterm Druck des Zaren ist er nur Leutnant der Husaren*. Masaryk beschrieb ihn als *eine Art Mönch im Salonfrack*. Von prominenten Zeitgenossen wie Custine, Mérimée, Michelet, Berlioz, List und anderen wurde er besucht und bewundert.

Er galt als einer der Stammväter der „Westler" (*sapadniki*), obwohl er in seinen entsprechenden Äußerungen und Haltungen zwischen 1826 und 1856 oft schwankend, unklar und widersprüchlich war.

Dennoch war er der festen Überzeugung, dass Russland und die Russen – allerdings nach einer notwendigen „universalen Bildung und Erziehung" – mit seinen so freigelegten geistigen, kulturellen Kräften eine hervorragende Rolle für und in Europa spielen könne. Bei ihm erscheint erstmals die Ansicht, dass die „verbrauchte, verfallene europäische Zivilisation durch die Einwirkung der unverbrauchten, urwüchsigen russischen Kultur genesen" könne.

Der Zar, seine Minister und Ratgeber sowie namhafte, in ihren Haltungen zur zarischen Autokratie schwankenden russischen Gelehrten und Schriftsteller waren in höchstem Maße aufgebracht, ließen den Autor für „wahnsinnig" erklären und unter medizinische und polizeiliche Aufsicht stellen. Dieser antwortete mit den *Apologien eines Wahnsinnigen* (*Apologie d'un fou*, 1837) und später mit einem Essay „Philosophie der Weltgeschichte", in dem er versuchte, seine Auffassungen zum Verhältnis von Russland zu Europa ausführlich universalhistorisch zu begründen. Damit begann die jahrzehntelange Auseinandersetzung zwischen „Westlern" und „Slawophilen", eigentlich „Pan-Russophilen".

Verlauf und Fortgang dessen sind von Schelting in der unten genannten Studie, besonders im *Zweiten Teil: die große Auseinandersetzung*, S. 75–151 sowie im *Dritten Teil: Der Höhepunkt des Streits und der Krieg zwischen Rußland und Europa*, S. 154–221 ausführlich beschrieben worden. Deshalb folgen hier in Hinsicht auf den, wie gesagt, unrichtigerweise so bezeichneten „russischen Messianismus", genauer, den großrussischen „Pan"-Slawismus einige weitere Ergänzungen.

In Russland entstand zwischen 1830 und 1840 eine erste Gruppe der Panrusso-/Slawophilen um Tjutčev, Chomjakov und Kireevskij, eine weitere mit einer durch die Zensur verbotenen Zeitschrift mit dem merkwürdigen Titel *Europäer*.

Die zunächst nur in Russland beginnenden Auseinandersetzungen wurden in Europa beziehungsweise in Deutschland erst durch eine vehemente Kritik bekannt, die Tjutčev 1844 in der *Augsburger Allgemeinen Zeitung* gegen Astolphe de Custines *La Russie en 1839*, in Französisch und Deutsch erschienen, schrieb. Der französische Marquis hatte nach einem kurzen Aufenthalt in Russland einen teilweise informativen und interessanten, teilweise vernichtenden Bericht über russische kulturelle und zivilisatorische, „barbarische" Zustände verfasst. Tjutčev betonte nun, Russland müsse gegenüber dem Westen Europas eine eigene Welt, ein christlich-slawisches Imperium bilden. Eine von dort ausgehende Pax Christi werde eo ipso zu einer europäischen Pax Rossica.

Im Jahr 1845 entstand eine Art Gründungsmanifest der Panrusso-/Slawophilen mit dem Titel *Die Meinungen der Ausländer über Rußland* von Chomjakov, in welchem ebenfalls die Schrift Custines zum

Anlass der Bestimmung einer neuen russischen Position gegenüber Europa war. Das wurde von Chomjakov so formuliert: *Was für ein Orient willst Du sein? Ein Orient des Xerxes oder des Christus?* Die Antwort lautete selbstverständlich: ein Orient Christi und dies war mit dem Anspruch verbunden, dass so eine europäische Pax Christi qua Pax Rossica vice versa entstehen würde.

Mit diesen Positionen war die Beschwörung eines weiteren innerrussischen geistigen, wiederum pseudoreligiös verbrämten Antagonismus verbunden: der zwischen dem „heiligen russischen Moskau" als der Verkörperung des „heiligen Russland" (*svjataja rus'*) und dem „unheiligen (satanischen) Petersburg". Aksakov erklärte, für die Befreiung des russischen Volksgefühls sei es notwendig, „Petersburg von ganzem Herzen und aus voller Seele zu hassen". Zar Peter I. erschien hier wieder als „Antichrist", wie schon zu seinen Lebzeiten.

Tjutčev behauptete apodiktisch, dass „ein Slawe nur als orthodoxer Christ ein Slawe sein könne" und Dostoevskij verstärkte dies mit der Forderung, „dass alle Menschen in ihrem Wesen russisch werden müssten", weil „die Allmenschheit die russische Nationalidee" sei.

Pogodin war von der welthistorischen Mission Russlands, die „Entwicklung der Menschheit zu vollenden", überzeugt und bemühte dazu das Wirken des Hegel'schen Weltgeistes, der Russland und das russische Volk dafür erwählt habe.

Kireevskij erklärte in einem Aufsatz „Über das Wesen der europäischen Kultur und ihr Verhältnis zu russischen" (1852) in der deswegen ohne Begründung verbotenen Zeitschrift *Moskovskij Sbornik* ausführlich die fundamentalen universal- und sozialhistorischen, teilweise bereits quasi-soziologisch begründeten und erklärten Gegensätze zwischen der Herausbildung der russischen und jeder anderen europäischen Kultur. Es ist eine der bemerkenswertesten Studien zu diesem Themenkreis, weil sie außer bereits „soziologischen" auch schon bedenkenswerte mentalitätsgeschichtliche Gesichtspunkte enthält. Das erklärt sich auch aus der Bildung des Verfassers: 1826/27 studierte er bei Hegel in Berlin und danach bei Schelling in München. Nach seiner Rückkehr wurde er in Russland vom „Westler" zum Slawophilen mit Auffassungen, in denen er versuchte, zwischen autokratisch-orthodoxen und späteren volkstümlicheren, bereits sozialrevolutionäre Züge annehmenden Positionen zu vermitteln. Er gehört zu den Ersten, die sich bemühten, die für die russische Sozialgeschichte eigenartige Bedeutung des „*mir*" zu erfassen, dessen spätere Erklärung durch Haxthausen für Herzen im Exil eine Offenbarung und ein Grund waren, „nach Russland zurückzukehren".

Einige Ansichten und Ansprüche der Panrusso-Slawophilen waren hypertroph, irrational; andere enthielten absichtsvoll verzerrte, religiös verbrämte Darstellungen der russischen Geschichte. Manche „Westler" versuchten, ihnen mit historisch und philosophisch sachlichen Argumenten und Begründungen, mit aufklärerischem Denken und Vernunft zu begegnen.

Sie hatten diesen orthodox und chauvinistisch aufgeladenen Schwülstigkeiten nicht viel entgegenzusetzen. Einige verstummten, andere resignierten, manche kehrten „nach Russland zurück" wie Herzen.

Die moralische Demütigung und die militärische Niederlage Russlands im Krimkrieg von 1853 bis 1856 verminderte nicht, sondern verstärkte die pan- und großrussischen Positionen und den russischen geistlichen, religiösen wie geistigen, politischen und kulturellen Vorherrschaftsanspruch über die „anderen slawischen Brüder", womit schon gar nicht die polnischen Feinde sowie die verachteten Ukrainer und Weißrussen gemeint waren, sondern die südosteuropäischen Slawen, besonders die Bulgaren, Serben und andere, über die eine politische und kirchliche Vormundschaft angestrebt wurde.

Unter dem Eindruck der politischen, moralischen und militärischen Ereignisse in den Jahren um den Krimkrieg verstärkten sich in Russland die großrussischen Abwehrhaltungen gegen den „Westen Europas" und die Ansprüche auf einen Zusammenschluss slawischer Völker unter russischer Führung. Katkov und Ignatiev gründeten dafür panslawisch-großrussische Komitees, es erschienen Druckerzeugnisse mit solchen Inhalten.

Der zweite Slawenkongress und der Ethnografische Kongress als Nebenveranstaltung in Moskau 1867 wurden bereits hiervon beherrscht und führten bei Abgesandten anderer slawischer Gruppen dazu, sich gegen dieses großrussische Dominanzstreben zu wenden. Einige zogen sich daraufhin aus panslawischen Bewegungen zurück. Der Anhang enthält eine Übersicht zu den Slawenkongressen.

Im letzten, vierten Kapitel werden einige ideologische und politische Nachwirkungen und Folgen der von Lenin und Stalin ausgehenden Dogmen und Doktrinen, der am Beginn der 1990er Jahre wieder auflebenden, ungenau als „neo-panslawistisch" bezeichneten, bis in die Gegenwart erkennbaren Verwandlungen der großrussischen, nun im Gewande sowjetisch-stalinistischer weltpolitischer Allmachts- und Vorherrschaftsansprüche, behandelt.

Sie erschienen in merkwürdiger Weise etwa gleichzeitig mit einem Neo-Eurasismus, genannt nach dem Eurasismus der 1920er Jahre, ursprünglich einer besonders nach dem Ersten Weltkrieg von russischen Emigranten in Mittel- und Westeuropa verbreiteten Lehre von einer „besonderen Lage, Stellung, historischen Mission Russlands zwischen Europa und Asien". Dies war ein pseudotheoretischer Versuch, die europäische Rolle Russlands im Gegensatz zu den bolschewistischen Positionen Lenins neu zu bestimmen und damit eine „eurasische Zukunft" für Russland, jedenfalls eine andere als die von Lenin und seinen Gefolgsleuten gedachte zu entwerfen. Deren Versuche, sie mittels der Komintern und eines „Exports der bolschewistischen Revolution" nach Europa zu transportieren, hatten sich bereits als utopisch erwiesen.

Das erneute Aufkommen eurasistischer Vorstellungen am Ende der1980er, zu Beginn der 1990er Jahre war nach dem Ende der UdSSR in gewisser Weise der Versuch, den durch deren Zusammenbruch entstandenen *horror vacui* zu kompensieren und Russland eine neue welt- und geopolitische Rolle zuzuschreiben.

Inzwischen sind auch diese Ansichten obsolet geworden. Nach dem Misslingen der Politik der russischen Machthaber seit 1991 verfolgt der gegenwärtige Präsident der Russländischen Föderation erneut weltpolitische Ansprüche und Ziele, wie jüngst entstandene geopolitische Situationen im Nahen Osten und anderswo erkennen lassen, offenbar nicht ohne zumindest teil- und zeitweise begrenzte regionale Erfolge und Wirkungen.

Die folgende, sich nun mit Danilevskij beschäftigende Darstellung wird mit weiteren Bemerkungen zum Panslawismus, zur geistigen und politischen Situation in Russland eingeleitet, weil diese Gesichtspunkte und Themen erhebliche Teile seiner Schrift bestimmen.

3.2 Danilevskijs groß-/panrussisch hegemoniales Programm

Der russische Panslawismus entstand im ersten Drittel des 19. Jahrhunderts. Seine Ursachen waren gravierende gesamtgesellschaftliche, außen- und innenpolitische, ökonomische, soziale und kulturelle Veränderungen sowohl im zarischen Reich als auch in Ländern des mittleren und westlichen Europa.

Nach dem niedergeschlagenen Aufstand der Dekabristen wurde Nikolaus I. Kaiser/Zar. Seine Herrschaft endete mit seinem Tode im letzten Jahr des Krimkrieges von 1853 bis 1856, dem Pariser Frieden vom April 1856, der in Russland als Schmach empfunden wurde: Die Donaufürstentümer wurden dem russischen Einfluss entzogen, das Osmanische Reich wurde formell für unabhängig erklärt, damit verlor Russland seinen Anspruch auf die Schutzherrschaft über die orthodoxen Slawen im osmanischen Herrschaftsbereich; Russland wurde zu weiteren geopolitischen Verzichten verpflichtet (Meerengen, Bessarabien u. a.).

Der Nachfolger des Gestorbenen, Alexander II., versuchte Russland aus der inneren und äußeren Krise herauszuführen.

Die moralische Demütigung, die militärische und politische Niederlage im Krimkrieg führten dazu, dass im bereits bestehenden russischen Panslawismus eine Radikalisierung in der Ausprägung eines hegemonialen „allslawisch/-russischen" Anspruchs stattfand, verbunden mit einer geopolitischen, ethnischen, geistigen und kulturellen Feindschaft gegenüber dem westlichen Europa und einem als unvermeidlich bevorstehenden Kampf Russlands mit diesem Gegner. In dieser Situation entstand Danilevskijs Schrift.

Die frühen russischen Ansichten über das Slawentum hatten zunächst weniger geografische und ethnische, vielmehr eigenartige biologistische, rassistische Züge („Blut, Rasse, Stamm"). Sie wurden von einer Gruppe Moskauer Intellektueller vertreten, zu denen Pogodin, Chomjakov, die Kireevski- und die Aksakov-Brüder, Samarin und andere gehörten. Diese Auffassungen bewirkten, dass der russische Panslawismus zunehmend chauvinistische und judenfeindliche Züge annahm.

Die naheliegende ethnische Komponente, Slawen und Slawentum als Merkmale der Lebensweise größerer, im europäischen Teil des noch vorwiegend geografisch verstandenen Russland lebender Bevölkerungen anzusehen, wurde zunächst durch die sogenannte, bis ins 20. Jahrhundert ausgetragene „Normannen-Kontroverse" oder Versuche, die Herkunft der groß-, klein- und weißrussischen Slawen anders zu deuten, überlagert.

Diese Kontroverse gehört seither zu den Gründungsgeschichten (oder -mythen) des originären ostslawischen (Groß-)Russentums in seinen ethnischen, sprachlichen, kulturellen Ausbildungen und der Entstehung seines Staatswesens. Es ging und geht um die Frage, ob „nordische", skandinavische oder warägische Herrscher und Teile ihrer Gefolgschaft auf Bitten zentralrussischer Stammesführer im 8./9. Jahrhundert auf ihrem „Wege zu den südlichen Meeren", in Gebieten des europäischen, von slawischen Stämmen bewohnten mittelrussischen Raumes, sich mit diesen wohl überwiegend friedlich vermischt, ihre Herrschaft, ihre Lebensweisen, Sprachen, Kulturen übernommen, in ihnen gewissermaßen „aufgegangen" seien und so die Bildung der ostslawischen Russen als große, ethnische Bevölkerung und ihres Staatswesens, der Kiever Rus', bewirkt hätten – oder ob beide die alleinige Schöpfung großrussischer Stämme und ihrer Anführer seien, ohne diese „normannischen" Einwirkungen.

Der russische Panslawismus erhob den Anspruch auf eine ethnische, religiöse, kulturelle, schließlich politisch-staatliche Führung der unter dieser Herrschaft zu vereinenden slawischen Völker, entweder unter Missachtung oder durch mehr oder weniger gewaltsame Beseitigung der zwischen ihnen objektiv bestehenden Gegensätze. Das geschah mitunter arrogant und rigoros nach der Devise: „Wer Slawe und Russe ist, bestimmen wir", also die großrussischen Panslawisten. Er war außerdem pseudoreligiös-messianisch verkleidet.

Die ebenfalls ostslawischen Weißrussen galten trotz ihrer Nachbarschaft zu nicht orthodoxen Litauern und Polen noch als halbwegs „sichere Kantonisten". Für die Kleinrussen, die Ukrainer, galt dies schon nicht mehr, weil sie nicht orthodoxe Nachbarn hatten und größere Teile von ihnen Unierte oder Katholiken waren. Die südwestslawischen Kroaten waren zwar überwiegend katholisch, ihre ethnische Herkunft war jedoch kaum als „slawisch" zu begründen. Ihre Nachbarn, die Serben, wohl südslawischer Herkunft, waren Orthodoxe, jedoch bestanden in Sprache, Sozialstruktur, Kultur und Lebensweise erhebliche Unterschiede zu den ostslawischen Großrussen. Die südslawischen Bulgaren waren zwar seit dem 9. Jahrhundert orthodoxe Christen geworden, jedoch ursprünglich zu einem erheblichen Teil turktatarischer Herkunft und erst zwischen dem 7. und 9. Jahrhundert ethnisch, sprachlich, kulturell in den südslawischen Bevölkerungen „aufgegangen".

Die westslawischen Polen, eng mit der katholischen Konfession und Kirche verbunden, hatten eine völlig andere Sozialstruktur, Identität und Mentalität, Kultur und Lebensweise als ihre ostslawischen und anderen Nachbarn, ihre Mehrheit war anti-orthodox und russenfeindlich.

Die anderen ost- und südostslawischen Bevölkerungen lebten in der österreichischen, dann österreichisch-ungarischen Doppelmonarchie und waren ethnisch, sprachlich, kulturell und konfessionell gemischt; ihr Panslawismus war zunächst und vor allem kultureller Art.

Der großrussische Anspruch auf eine Vereinigung slawischer Völker unter russischer Führung war also von vornherein mehr als fragwürdig und beruhte zunächst nur darauf, zu bestimmen, „wer orthodoxer Slawe und Russe war oder zu sein hatte und wer nicht".

Hier wird bereits ein Merkmal sichtbar, dass hinfort russische politische Positionen in Gestalt eines gewaltsam durchgesetzten Dogmatismus, einer ideologischen Diktatur kennzeichnete, von ihren großrussischen Protagonisten des 19. bis zu den bolschewistischen des 20. Jahrhunderts.

Allerdings gab es auch hierbei Besonderheiten, die sich später fortsetzten. Sie bestanden in einer großrussischen Überheblichkeit gegenüber klein- und weißrussischen Bevölkerungen, die als primitive Bauernvölker angesehen wurden. Sprachlich-kulturell galten ihre Idiome im Vergleich mit denen der Großrussen als lexikalisch, grammatisch und syntaktisch wenig oder kaum entwickelt. Das zeigte sich auch in der bis heute verwendeten Bezeichnung der Kleinrussen: *U kraina* bedeutet lediglich „an der Grenze" (Lebende).

Als um die Mitte des 19. Jahrhunderts ukrainische Dichter und Gelehrte begannen, sich an südosteuropäischen Bewegungen des nationalen Erwachens zu orientieren, reagierten die zarische Administration, die russisch-orthodoxe Geistlichkeit und die großrussischen Intellektuellen abwehrend. Die ukrainischen Schriftsteller wurden bestraft und ihre Kyrill-Methodianische Gesellschaft wurde verboten.

Chomjakov und Pogodin vertraten extreme, rigorose Positionen, nach denen nur „reine" Russen dazu berufen seien, die Entwicklung der Menschheit zur Vollendung zu führen. Hier verbanden sich Rassismus, Messianismus und Hegemonismus im Kampf zur Befreiung und Vereinigung der „slawischen Brüder" gegen den „faulenden Westen", womit besonders die Südslawen gemeint waren, als deren Protektor man sich aufspielte. Selbst Herzen, der zeitweilig einen Ausgleich zwischen den radikalen Positionen der *Slavianophili* und der *Sapadniki* versuchte, erlag diesem Denken, in dem erneut die seit dem „Griechischen Projekt" Katharinas II. bestehende Forderung verkündet wurde, dass Konstantinopel (*Zargrad*), wenn schon nicht Moskau, die Hauptstadt eines künftigen Reiches der unter russischer Führung und Hoheit vereinigten slawischen Völker sein müsse. Gegenteilige oder zweifelnde Stimmen wurden bekämpft, wie von Pogodin in der Zeitschrift *Moskovitanin* um 1841.

So entstanden im großrussischen Panslawismus exklusive, elitäre, reaktionäre und hegemoniale Auffassungen, die auch von Danilevskij vertreten wurden. Für ihn war die Frage, „ob sich die slawischen Bäche in das russische Meer ergießen würden", nicht mehr offen. Das würde nach seiner Ansicht das Ergebnis des quasi-gesetzmäßigen Ganges der künftigen Gestalt und Geschichte Europas, wenn nicht der

Welt sein. Dafür bemühte er in einer offenbar missverstandenen Adaption und Kolportage das Wirken des „Hegel'schen Weltgeistes".

Bemerkungen zur Biografie und Methode Danilevskijs sowie zu seiner Schrift[3]

In einem Nachwort des Übersetzers erläutert Nötzel die im Original, wie er erklärt, aus inhaltlichen (aktuelle Bezüge und Situationen) und stilistischen (Satzbau, Stil) Gründen vorgenommen Eingriffe und Kürzungen. Er kritisiert gleichzeitig einige Ansichten Danilevskijs zur Politik des Zaren, zur Frage nach der Aufhebung der Leibeigenschaft, zur Rolle des russischen Adels, zur subjektiven Unfähigkeit der Russen zu einer sozialen Revolution und zur objektiven Unmöglichkeit ihres Stattfindens. Hier ähneln Danilevskijs Ansichten denen Haxthausens.

Danilevskijs Geschichtsverständnis reicht zwar fragmentarisch und in willkürlicher Auswahl bis zum vorgriechischen, griechischen und römischen Altertum, Mittelalter und Neuzeit werden nur episodisch und marginal erwähnt, Renaissance und Aufklärung gar nicht, ebenso wenig wie die politischen und staatlichen Umwälzungen und Neuordnungen Europas durch Kriege, Friedensschlüsse und Kongresse (Münster/Osnabrück 1648, Wien 1815.) Im Ganzen handelt es sich um eine voluntaristische *tour de force* eines belesenen und seiner Sache sicheren Autodidakten; sie wurde in der erklärten Absicht geschrieben, die europa- und weltgeschichtliche Bedeutung und Sendung Russlands mittels des von ihm erfundenen slawisch-panrussischen kulturhistorischen Typs zu begründen, der die Zukunft der europäischen und schließlich der Geschichte der Welt „gesetzmäßig" prägen werde.

Danilevskij war als Geschichtsschreiber ein Dilettant in des Begriffs ursprünglich wohl mehr positiver, später jedoch nur pejorativer Bedeutung. Es gibt kaum Personen und Ereignisse, die er nicht wenigstens erwähnt und in seine oft willkürlichen und unbegründeten Betrachtungen einbezieht. Bemerkenswert ist, welche Menge von Quellen er offenbar studiert hat, allerdings werden sie nicht ausgewiesen, ein Literaturverzeichnis fehlt in der von Nötzel besorgten Ausgabe ebenso wie ein Personenregister. Welche Teile des Originals Nötzel nicht aufgenommen hat, ist nicht ersichtlich; möglicherweise sind sie in der Anfang der 1990er Jahre in St. Petersburg vollständig erscheinen sollenden, jedoch nicht zugänglichen russischen Fassung enthalten.

Nikolaj J. Danilevskij wurde am 28. November 1822 im Gouvernement Orlov geboren und starb am 7. November 1885 in Tbilisi. Er entstammte einer gebildeten Offiziersfamilie und begann ein Studium der Botanik. Später wurde er mit der Leitung einer Untersuchung zur gewerblichen Ordnung des Fischfanges im europäischen Russland beauftragt und zum Geheimrat im Ministerium für Landwirtschaft ernannt. In den letzten Lebensjahren beschäftigte er sich mit der Entdeckung und Bekämpfung der Reblaus in den Weinbergen der Krim. Der saisonale Verlauf seiner Forschungen zur Fischwirtschaft ermöglichte ihm, sich in den Wintern der Jahre 1865 bis 1867 seinen vielseitigen, autodidaktisch erworbenen historischen, geopolitischen und kulturellen Interessen zu widmen. Sie galten vor allem der Geschichte, Bedeutung und Rolle Russlands im Slawentum und in Europa, dem Verhältnis der „russisch-slawischen zur germanisch-romanischen" Welt. So entstand *Russland und Europa*[3], ursprünglich *Russland und Westeuropa*. Nach einer

---

[3] Danilevskij, N. J.: Rußland und Europa. Eine Untersuchung über die kulturellen und politischen Beziehungen der slawischen zur germanisch-romanischen Welt; dt. hg. v. K. Nötzel, Stuttgart 1920; Neudruck v. O. Zeller, Osnabrück 1965. (Das Buch wurde wegen der Einbandgestaltung „grüne Bibel des Panslawismus", Stählin 1925, S. 20, genannt.)

Vorveröffentlichung von Teilen in der Zeitschrift *Sarja* (Morgenröte) erschien es dann 1871 als Buch mit dem angegebenen Titel und Untertitel.

Sein Anliegen behandelt Danilevskij in Themenkomplexen, die auch als eine Art methodisches Konzept angesehen werden können, obwohl er sie nicht „Methodik" nennt, wohl auch, weil er sich nicht als Historiker versteht. Vielmehr versucht er, Analogien zwischen biologischen und historischen Daten und Fakten herzustellen, die oft unsinnig sind und teilweise polemisch und provokativ vorgetragen werden. Er gebraucht Wendungen wie „Russland, russisches Reich", ein „russisches Volk" erscheint bei ihm nicht. Dennoch lassen die behandelten Themenkomplexe objektiv einen Zusammenhang erkennen, auch wenn dies subjektiv nicht beansprucht wird.

Behandelt, im Buch nicht in dieser Abfolge, sondern vom Verfasser dieser Studie wegen der Übersichtlichkeit so angeordnet, werden:

Die Lage Russlands zwischen 1848 und 1856, die Zeit des Krimkrieges von 1853 bis 1856, die Folgen des Pariser Friedens von 1856, die Lage des Landes in den späten 1850er und in den 1860er Jahren; ein sogenannter „disziplinierter Enthusiasmus" des Russentums; die Haltungen nicht russischer slawischer Völker zu Russland; die für das Land typische Bedeutung der überwiegend bäuerlichen Lebensweise und des „*mir*"; Merkmale, „Regeln" und Prinzipien der russischen Politik in und gegen Europa; ein sogenanntes „Gesetz der Erhaltung eines Vorrats an historischen Kräften"; eine eigenartige Erklärung, warum eine europäische *balance of power* für Russland schädlich, ihre Störung oder Beseitigung hingegen vorteilhaft sei. Geopolitische Beziehungen zum Osmanischen Reich, zu England, Frankreich und Preußen werden mehr oder weniger kursorisch erwähnt. Danilevskij behandelt teilweise marginal andere Fragen und Themen, die hier nicht im Einzelnen genannt werden.

Bereits nach dem Erscheinen des Buches im deutschen Sprachraum wurde auf Ähnlichkeiten mit einem zentralen methodischen Ansatz des 1857 in Leipzig erschienenen *Lehrbuchs der Weltgeschichte in organischer Darstellung* von Heinrich Rückert hingewiesen. In ihm werden, vergleichbar wie bei Danilevskij, „Kulturkreise/-typen" als methodischer Zugang zur Darstellung der Weltkulturgeschichte entworfen und verwendet. Rückert allerdings stellt deren Quellen und Ursprünge dar, die auf Vico (1725) und Voltaire (1756/1791) und andere zurückgehen. Es ist unklar, ob Danilevskij Rückerts Buch kannte oder überhaupt kennen konnte, denn es gab von diesem keine russische Übersetzung und es ist nicht bekannt, ob Danilevskij wenigstens Deutsch verstand.

Das Werk dieses Russen wurde vor allem von russischen Gelehrten heftig kritisiert: Pitirim A. Sorokin warf ihm verhängnisvolle Fehler und voluntaristische Konstruktionen vor, Sergej M. Solov'ev wies sein geopolitisches Programm als abenteuerliche Fortsetzung großrussischer Machtansprüche entschieden zurück (Anhang).

Danilevskij beginnt mit der Frage, ob „Russland zu Europa gehöre", und beantwortet sie nach längeren Erörterungen über Eigenarten, Ereignisse, Merkmale und Widersprüchlichkeiten sowie eigenwilligen Erwähnungen des Wirkens historischer Personen wie Marquis Posa und Napoléon, garniert mit lateinischen Sequenzen mit der Feststellung, dass es überhaupt „Europa nicht gäbe, sondern dies nur eine westliche Halbinsel Asiens sei", sowie einem spöttischen ad libitum schließlich mit „nein". Eine ähnliche Wendung findet sich Jahrzehnte später bei Paul Váléry. Europa ist für Danilevskij ein Begriff „ohne bestimmte Bedeutung, ein leerer Schall ohne bestimmten Sinn" (S. 19), also eine Fiktion, eine weder geografisch noch historisch begründbare Konstruktion.

Das setzt er fort mit der Frage, ob die „europäische Kultur gleichbedeutend mit der allgemeinmenschlichen sei" (S. 19 f.), was wiederum verneint wird. Auch die folgenden dienen der Vorbereitung der letzten Kapitel, in denen der Kampf und das Ergebnis um den slawisch-kulturhistorischen gegen den germanisch-romanischen Typ beschrieben werden:

Wir können also auf Grund der Analyse ... der vorhergegangenen kulturhistorischen Typen und ihres Vergleichs, teils mit den bereits offenbarten Besonderheiten der slawischen Welt, teils aber mit den Keimen, die in der slawischen Natur liegen, begründete Hoffnung hegen, daß der slawische Kulturtyp zum erstenmal die Synthese aller Seiten der Kulturtätigkeit darstellt ... die von seinen Vorgängern auf der historischen Bahn einzeln ausgearbeitet wurden oder in sehr unvollständiger Vereinigung. Wir können hoffen, daß der slawische Typ der erste volle vielfach begründete kulturhistorische Typ sein wird (S. 325) *... Der Hauptstrom der Weltgeschichte beginnt mit zwei Quellen an den Ufern des alten Nils. Eine, die himmlische göttliche geht über Jerusalem und die Zarenstadt und erreicht in ungetrübter Reinheit Kiew und Moskau, die andere, irdische, menschliche, zerfällt ihrerseits wieder in zwei Hauptbäche: Kultur und Politik, fließt über Athen, Alexandrien, Rom, in die Länder Europas ... Auf der russischen Erde entsteht ein neuer Quell: eines gesellschaftlich-ökonomischen Aufbaus, der die Volksmassen ... befriedigt. Auf den weiten Flächen des Slawentums sollen sich alle diese Ströme zu einem mächtigen Meere vereinigen* (S. 326).

Die Ansichten Danilevskijs, wurden wie gesagt bereits vor Solov'ev und Sorokin und später von anderen zum Teil heftig kritisiert, als irrational und utopisch zurückgewiesen. So wurde nebenbei darüber gestritten, ob die Polen oder Tschechen wegen ihrer politischen Haltungen und religiösen Bindungen überhaupt noch als Slawen anzusehen seien.

Die Brüder Aksakov, Katkov und Pogodin verbreiteten vor allem antipolnische Polemiken, Samarin erklärte den polnischen Katholizismus zu einem „vergifteten Dolch, den das Abendland dem russischen Slawentum ins Herz stieß"; in manchen von Russen bewohnten oder beherrschten Gegenden und Städten wurde verboten, Polnisch zu sprechen.

Kritik gab es, weil manche Danilevskijs Auffassungen als zu „religiös-romantisch", andere als zu „rational-politisch" bezeichneten. Rostislav A. Fadeev, ein ehemaliger General, veröffentlichte eine auch in Westeuropa bekannte Schrift *Gedanken über die orientalische Frage*, in der eine geopolitische Strategie für Russland entworfen wurde. Danach solle der Zar das Oberhaupt einer Föderation aller slawischen Völker und Länder, die Vertreibung der Osmanen vom Balkan und die Zerstörung Österreichs als Voraussetzung dessen erreicht werden. Russland müsse Europa wenigstens bis zur Adria beherrschen, sonst werde es bis hinter den Dnjepr zurückgedrängt.

Nach dem Ende der KPdSU und der UdSSR am Beginn der 1990er Jahre gab es Versuche, das durch das vollständige Scheitern der lenin-stalinschen Ideologie und Politik sowie den Zerfall des von ihnen dominierten Herrschaftsbereichs entstandene Vakuum zu kompensieren, etwa durch eine Wiederbelebung und Aktualisierung der im letzten Drittel des 19. Jahrhunderts entstandenen „russischen Idee" oder durch den nach dem Ersten Weltkrieg entstandenen „Eurasismus" sowie Bestrebungen, den Neoslawismus national und regional zu beleben und neu zu begründen. Diese Versuche erwiesen sich jedoch als nicht wirksam und wurden aufgegeben.

Im abschließenden Kapitel wird darauf noch einmal im Zusammenhang damit eingegangen, ob und wenn ja, wie sich „großrussisch-slawistische" Konzepte und Programme in Ideologien und Aktionen Stalins oder seiner Nachfolger, von den bolschewistischen Führern bis zu denen der Russländischen Föderation, fortsetzen.

Viertes Kapitel

Panslawismen im Übergang vom 19. zum und im 20. Jahrhundert

Die weitere Geschichte des großrussischen Panslawismus kann in drei Zeiträumen dargestellt werden.
Erstens in der Zeit nach dem Krimkrieg bis zum Ersten Weltkrieg.
Zweitens im Aufgehen, in der Verwandlung oder Verwendung solcher Positionen in der Stalin'schen Politik zur Unterwerfung seines Herrschaftsbereiches.
Drittens in den ersten Jahren nach dem Verschwinden der KPdSU und der UdSSR und den bereits erwähnten Versuchen, das entstandene Vakuum damit zu füllen, eine russische Identität gewissermaßen neu zu erfinden, eine hegemoniale Dominanz in der und außerhalb der Russländischen Föderation herzustellen. Die slawische Welt, die nach 1990/91 nicht mehr unter russischer Vorherrschaft befindlichen slawischen und nicht slawischen Völker und Länder Ost-, Ostmittel- und Südosteuropas kamen und kommen in diesen Versuchen erkennbar nicht vor, ebenso wenig wie panslawistische Nachahmer oder Nachläufer. Sie erscheinen vielmehr in anderer Gestalt in Nationalismen in der Selbstdarstellung polnischer, tschechischer, ungarischer sowie anderer Politiker, Publizisten und „Theoretiker". Es bestand und besteht im westlichen Europa die Neigung, dies alles als Propaganda, als „Gerede" abzutun, und es wird übersehen, dass hier für die Lage in ganz Europa gefährliche ideologische und politische Absichten verfolgt werden, dass die Nationalismen bereits begannen, auf andere Länder und europäische Institutionen übergreifen, ihre Existenz und Funktion gefährden.

Erstens: Der Krimkrieg Russlands gegen eine westeuropäische Koalition (Frankreich, England, später schloss sich Piemont-Savoyen an) endete, wie erwähnt, mit einer militärischen, politischen, diplomatischen und moralischen Niederlage Russlands. Das Deutsche Reich verhielt sich neutral, Österreich-Ungarn ließ präventiv Truppen an der östlichen Grenze aufmarschieren. Daraus entstanden außer anderen Gründe, die bis zum Ersten Weltkrieg zu Misstrauen und Feindschaft zwischen diesen Mächten führten und in diesem gewaltsam ausgetragen wurden.

Die innerrussischen Haltungen zum Panslawismus waren zwiespältig. Der dilettantisch gegen die russische Besatzungspolitik geführte polnische Aufstand von 1863 wurde blutig niedergeschlagen und verstärkte die bestehenden antipolnischen Stimmungen. Einige der südslawischen Bevölkerungen wurden wegen ihrer, wie man meinte, unterwürfigen Haltungen gegenüber der osmanischen Herrschaft, teil- und zeitweise als unzuverlässig und unfähig angesehen. Als die Bulgaren nach Aufständen gegen diese Herrschaft in den „bulgarischen Gräueln" (*bulgarian atrocities*) ebenfalls niedergeworfen wurden, traute man ihnen in Russland zu unterstützende Erhebungen kaum noch zu. Am ehesten kamen dafür die Serben in Betracht, die sich seit einigen Jahren erfolgreich und mit russischer Hilfe gegen die Osmanen erhoben hatten und die wegen ihrer Religiosität, Sprache und Kultur mehr Sympathien als andere „slawische Brüder" genossen. Der Kaiser/Zar Alexander II. nutzte Kontroversen mit der Hohen Pforte, den nun letzten Krieg mit den

Osmanen 1877/78 zu beginnen, und wurde nach dem vorläufigen Sieg als „Zar-Befreier" gefeiert. Mit dem Präliminarfrieden von San Stefano im März und dem ihm folgenden Berliner Kongress im Sommer 1878 entstanden außenpolitische Gründe für eine innenpolitische Zunahme großrussisch-panslawistischer Stimmungen. Bismarck hatte in der selbstgefälligen und verlogenen Rolle als „ehrlicher Makler" bewirkt, dass die Bulgaren um wesentliche Ergebnisse ihrer Beteiligung am Sieg gegen die Osmanen gebracht wurden.

Im großrussischen Panslawismus entstand im letzten Drittel des 19. Jahrhunderts ein bis dahin kaum für möglich gehaltenes neues Feindbild: eine zunehmende Befürchtung, dass der 1871 entstandene deutsche Nachbar seine Großmachtambitionen auch nach Osten, also gegen Russland richten werde. Und dies, obwohl das russische Zarenhaus und Teile des russischen Hochadels mit deutschen und über die mit europäischen Fürstenhäusern verwandt waren und der jetzige deutsche Reichskanzler noch einen Ruf als „Freund Russlands" genoss. Er hatte das Deutsche Reich in zwei innerdeutschen und einem europäischen Krieg mit „Blut und Eisen", mit einer Provokation des „Erbfeindes" Frankreich, gegen den Widerstand der von Napoléon eingesetzten deutschen Könige Bayerns, Sachsens und Württembergs erzwungen, das hannoversche Königtum beseitigt und das habsburgische Kaiserhaus sozusagen „vor die Tür gesetzt". Selbst sein Dienstherr, der preußische König, sträubte sich, Kaiser zu werden, weil er dies als eine Ernennung zum „Charaktermajor" ansah. Der gewalttätige Reichskanzler betrieb bis zu seiner Entlassung 1890 eine kaum noch zu durchschauende europäische Vertragspolitik[1], die man auch Vertragsakrobatik nennen kann, und hatte, wenn auch nur nebulös, Interessen an einer Ausweitung der deutschen Ambitionen in südosteuropäischer Richtung, also in einen von Russland beanspruchten Einflussbereich durchblicken lassen. Das erzeugte in Russland einige Besorgnisse, die sich in zunehmender Deutschenfeindlichkeit, einem Anti-Germanismus als neuem Zug des großrussischen Panslawismus äußerten. Das verstärkte sich weiter, als und weil der neue deutsche Kaiser, Wilhelm II., das von Bismarck gewobene Vertragsgeflecht zerstörte und der neue russische Zar, Nikolaus II., eine deutsche Prinzessin heiratete. „Die Deutsche" galt in Russland am Vorabend des Ersten Weltkrieges und bis zu dessen und dem Ende des zarischen Reiches als eine Art „trojanisches Pferd", als Feindin Russlands und Mitschuldige in seiner Niederlage.

In den Ersten Weltkrieg, den alle beteiligten europäischen Mächte im Grunde vorbereiteten und an dessen Ausbruch dann niemand schuldig sein wollte, taumelten sie nach der brillanten Studie des renommierten britischen Historikers Clarke wie „Schlafwandler".

Der in seinem Vorfeld zunehmende großrussische Neo- oder Panslawismus bewirkte jedoch nicht wesentlich seinen Ausbruch, wie manche annehmen. Die Anhänger dieser Ideologien hatten in Russland keine entscheidenden Positionen, vielmehr waren es jene, die in Serbien eine Art gegen Österreich-Ungarn verwendbaren russischen „Balkandegen", einen geeigneten *agent provocateur* sahen und deshalb Serbien in seinen Aktionen gegen Österreich unterstützten.

Der Krieg endete mit der Niederlage und Vernichtung von vier kriegführenden Großreichen, dubiosen „Siegern" wie Rumänien, den Pariser Vorortverträgen der Sieger über die Besiegten, die im Grunde keine Nachkriegsfriedens-, sondern eine neue Vorkriegsordnung erzeugten. Prominente Zeitzeugen, wie der französische Marschall Foch, sagten voraus, dass die unsinnigen Auflagen dieser Verträge in zwei Jahrzehnten erneut zu einem europäischen, wenn nicht zu einem Weltkrieg führen würden. Der Krieg erzeugte revan-

---

[1] Haffner, S.: Von Bismarck zu Hitler. Ein Rückblick; München 2009, S. 71–80. Es ist eine der kenntnisreichsten und scharfsinnigsten Untersuchungen dieses Zeitraumes der deutschen Geschichte.

chistische und nationalistische politische Gruppen, revolutionäre Nachkriegswirren und in Russland mit dubioser deutscher Hilfe das Aufkommen einer politischen Bewegung, die erst an seinem Ende und dann nicht mehr als „Sieger" beteiligt war: dem von Lenin, Stalin und ihren Gefolgsleuten gegründeten und geführten sowjetischen Bolschewismus, dem von ihnen bewirkten Sturz des russischen nachzarischen Regimes und schließlich mit der Gründung eines von ihnen beherrschten Staates, der UdSSR.
Großrussische Panslawismen spielten hierbei keine Rolle mehr. In den nach 1918/22 nun nicht mehr dem russischen Imperium angehörenden, neu gegründeten Staaten zwischen der Ostsee und der Adria waren die teilweise erstmals hergestellte nationale Identität, die staatliche Souveränität und die internationale Anerkennung das Wichtigste und nicht wie auch immer geartete, institutionalisierte und organisierte Verbindungen etwa zu anderen slawischen Staaten. Ausnahmen waren der zeitweilig bestehende SHS-Staat der Serben, Kroaten und Slowenen, aus dem später das Königreich Jugoslawien wurde.

Zweitens: In der UdSSR, die mit ihrer Gründung beanspruchte, ein Vielvölkerstaat gleichberechtigter Nationen zu sein, in deren europäischem Teil mehrheitlich slawische Bevölkerungen lebten, war nichts weniger als dies. Sie wurde vielmehr dominiert von der bolschewistischen Führung, ihrer Partei, einem System ideologischer, politischer, ökonomischer repressiver Gewalt mit einem großrussischen Führungsstil, einer Geringschätzung und Verachtung gegenüber „Nichtrussen", obwohl führende Personen wie Stalin und Berija als Georgier solche waren.
Auch später, in der Komintern, waren slawische Abstammungen und Zugehörigkeiten nicht mehr wichtig. Entscheidend über Leben und Tod waren der Gehorsam, die Unterwerfung gegenüber dem allmächtigen Stalin, der sich abwechselnd als weltgeschichtlicher, politischer „Führer" oder gelegentlich auch als „Hausherr" feiern ließ.
Das blieb so in den von der KPdSU und der UdSSR ideologisch-politisch, staatlich-ökonomisch und militärisch beherrschten sogenannten Bündnissen bis zum Zerfall dieser Machtzentren. Panslawische Ideen hatten in ihnen keine erkennbare Bedeutung und Wirkung mehr.
Es ist immerhin bemerkenswert, dass die Slawistik als Wissenschaft entgegen der doktrinären ideologischen marxistisch-leninistischen Bevormundung nicht zum Erliegen kam, sondern dass ihre Disziplinen in einigen „sozialistischen Ländern" national wie international weiter betrieben wurden. In einigen bestanden Lehrstühle, Institute und andere akademische Einrichtungen, an denen hervorragende Slawisten lehrten und forschten, die sich besonders ethno- und historiografischen, sprach- und literaturwissenschaftlichen Studien widmeten. Speziell für den südosteuropäischen slawischen Sprach- und Kulturraum entstand mit der *AIESEE (Association internationale d'etudes sud-est européens)* eine international institutionalisierte wissenschaftliche Vereinigung, die Kongresse veranstaltete und Publikationen herausgab. Sie unterhielt lange Zeit enge Beziehungen zu entsprechenden wissenschaftlichen, akademischen und universitären Einrichtungen in „sozialistischen" und „nicht sozialistischen" Ländern wie in Österreich, daraus entstanden gemeinsame Veranstaltungen und Veröffentlichungen. Dazu gibt es ausführliche Hinweise durch Klaus. Steinke im *Handbuch Balkan*, Wiesbaden 2014, S. 831–843.

Drittens: Nach dem Zerfall der KPdSU, der UdSSR und dem von ihnen dominierten ideologischen, politisch-staatlichen System, der entstandenen Selbstständigkeit früherer Teilrepubliken der UdSSR und „sozialistischer Länder" entstand ein komplettes und komplexes Vakuum. Bis heute wird in diesen Staatswesen versucht, es mit allen möglichen Versatzstücken zu füllen, so auch in der Russländischen Föderation seit 1991.

Wie bereits weiter vorn bemerkt, waren es dort vor allem Versuche, frühere geistige Gebilde wiederzubeleben, sie gewissermaßen zu modernisieren, was jedoch bisher nicht gelang.

Einige werden folgend erwähnt, weil sie wenigstens mittelbar mit Bestrebungen verbunden sind, an frühere originär russische oder panrussisch/-slawistische Vorläufer anzuknüpfen.[2]

Am Beginn der 1990er Jahre wurde in russischen Öffentlichkeiten auch durch einige geistige Nachfahren der Gründer versucht, den in den 1920er Jahren durch russische Emigranten im Exil geschaffenen Eurasismus in Gestalt eines Neo-Eurasismus wiederzubeleben. Das erwies sich jedoch als anachronistisch, als obsolet, und dieser Eurasismus hat sich inzwischen bis auf einige nicht mehr bedeutende Nachahmer oder -läufer wieder aufgelöst.

Gleiches gilt auch für die Wiederaufnahme der Ende des 19. Jahrhunderts entstandenen „russischen Idee" nun in Gestalt der „russischen Fragen", mit denen Antworten auf die Ursachen des Verlustes des russischen Nationalbewusstseins und Möglichkeiten seiner Wiederherstellung oder -gewinnung gefunden werden sollten.

Die gewissermaßen traditionellen russischen Fragen, bereits im 19. Jahrhundert in literarischen, philosophischen und anderen Schriften von russischen Schriftstellern kontrovers erörtert – „Was (ist zu) tun, wohin, wer ist schuld?" –, wurden nun mit aktuellen Fragen verbunden:

Was oder wo ist der neue Platz Russlands in der Welt (in Europa und in Asien, zwischen beiden und zu keinem gehörig, als „Aseopa" oder in „Eurasien")?

Wie ist die gegenwärtige und künftige Stellung Russlands, der Russen in der slawischen Welt?

Welche weltanschauliche, ideologische oder religiöse Orientierung braucht Russland – einen gereinigten, modernisierten Bolschewismus, die Orthodoxie oder eine gänzlich andere?

In der Suche nach einer Identität, einem „anderen, neuen" russischen Nationalbewusstsein erscheinen immer wieder, wenn auch meistens unterschwellig, kaum deutlich artikuliert, Rückgriffe auf oder Spuren von groß- oder panrussischem Denken. Diese oft anachronistische und irrationale Suche, ihre Irrungen und Wirrungen werden in dem Dokumentarfilm (1992) von Goworuchin *Das Russland, das wir verloren haben* deutlich. Hier wird der über fünfhundertjährige Aufstieg Russlands zu einer europäischen Großmacht mit der Absicht verklärt, dass Russland wieder als solche erstehen müsse.

1946 fand in Belgrad ein panslawistischer Kongress statt, welcher die nicht mehr vorhandene Führungsrolle der KPdSU und der UdSSR über die slawische Welt Ost-, Ostmittel- und Südosteuropas mit der Absicht beschwören sollte, sie in moderner Form wieder zu errichten. Im Jahre 1947 schrieb dazu die *Prawda*, dass sich das Zentrum der (slawischen) Kunst und Kultur nun nach Moskau verlagert habe. Mit dem Bruch zwischen Stalin und Tito und dem Scheitern der Versuche Stalins, das Kominformbüro weiter unter seinem Diktat zu halten, wurden die sowjetischen Ansprüche auf eine Führung in einem wiederbelebten und organisierten Panslawismus obsolet. Im Jahre 1992 wurde in Moskau ein *Internationaler Fonds des slawischen Schrifttums und der Kultur* gegründet und vom 28. bis 30. Mai 1993 fand in Belgrad eine Konferenz

---

[2] Der Verfasser hat den Eurasismus/Neoeurasismus, die „russische Idee" und Versuche, neoslawistische Institutionen in Russland nach 1990/91 zu gründen, ausführlich mehrfach in Monografien und Beiträgen in Zeitschriften behandelt; Übersichten hierzu enthalten Geier, W.: Rußland und Europa. Skizzen zu einem schwierigen Verhältnis (= SFOD, Bd. 20); Wiesbaden 1996. Ders.: Europäer und Russen. Wahrnehmungen aus einem Jahrtausend (= WEEO. Bd. 20.2); Klagenfurt/Celovec 2018.

sogenannter Slawischer National-Versammlungen (*Slavjanskij sobor*) statt, auf der Vertreter der russischen Intelligenz (Rasputin u. a.) wohl letztmalig in einem internationalen Rahmen panslawisch-großrussische Positionen vortrugen. Sie wurden künftig und werden seither gelegentlich wieder über Veranstaltungen und Veröffentlichungen innerhalb der Russländischen Föderation verbreitet.

Eine Nachbemerkung ist zu beiden Kapiteln angebracht:
Im Vorwort wurden zwei Veröffentlichungen erwähnt, die zum Verständnis des großrussischen Hegemonismus, „Messianismus" und Panslawismus beitragen können.
Die eine (Smith) enthält allgemeine Erläuterungen zur Geschichte von Judenfeindschaft/-hass, durch die, angewandt auf Russland, erklärbar wird, warum und wie der großrussische Panslawismus besonders am Ende des 19. Jahrhunderts diese Züge annahm und dies in einem wesentlichen Gegensatz zu anderen Panslawismen, in denen Judenfeindschaft/-hass nicht auftraten. Das war nicht einmal im „polnischen Messianismus" der Fall, obwohl Juden einen erheblichen Teil der polnischen Bevölkerung bildeten und diese, wie gesagt, ausgesprochen katholisch geprägt war. Dieser Katholizismus enthielt stets antijüdische Elemente und Ressentiments, die sich jedoch damals in Polen – im Unterschied zu der Zeit zwischen 1918 und 1938 – nicht vergleichbar auswirkten.
Die andere (Laqueur) enthält aufschlussreiche Erklärungen, warum und wie aus dem großrussischen Panslawismus unter der Herrschaft Stalins und der KPdSU in der UdSSR ein großrussischer Nationalismus wurde, der sich in vielen ideologischen und politischen Zeitzeugnissen nachweisen lässt. Die Sowjetunion war nichts weniger als eine „sozialistische Gemeinschaft gleichberechtigter Völker"; sie war vielmehr eine Zwangsherrschaft der Russen über Nichtrussen, begründet schon durch Lenin, in einer extremen Weise von Stalin und seinen Nachfolgern bis zu ihrem Ver- und Zerfall fortgesetzt. Besonders seit dem Beginn der Präsidentschaft Putins und seither verstärkt werden in der Innen- und Außenpolitik, in den Selbstdarstellungen dieses Präsidenten, in der offiziellen Ideologie und Propaganda, in den Medien und anderswo großrussisch-nationalistische Positionen vertreten.

Anhang

Texte (Herder, Kunik, Solov'ev; weitere Autoren, Erläuterungen)

Johann Gottfried Herder: Ideen zur Philosophie der Geschichte der Menschheit, 4 Tle., 1784–1791; Tl. 4, Buch 16, Riga 1791.

Kritische Bemerkungen zu Herders „Slawenkapitel" sind bereits weiter vorn erfolgt: keine Kenntnisse slawischer Sprachen, Verwendung nur sekundärer Quellen (Möhsen, Schlözer), mehrere geo-/ethnografische Fehler und Irrtümer, das Fehlen der Behandlung religiöser Vorstellungen, die idyllisch-romantisch unkritischen Beschreibungen der Gebräuche und Sitten, der Mentalität, eigenartige Erklärungen der Ursachen für die Friedfertigkeit, den Gehorsam, die Unterwürfigkeit der Slawen mit geschichtlich unrichtigen Vergleichen (Inkas mit Slawen). Einige grundsätzliche kritische Hinweise (Masaryk) wurden vorn erwähnt. Hier werden einige für Herders idealisiertes Slawenbild kennzeichnende Passagen zitiert.

Trotz ihrer Taten hie und da, waren sie nie ein unternehmendes Kriegs- und Abentheuervolk, wie die Deutschen ... Allenthalben ließen sie sich nieder, um das von anderen Völkern verlassene Land zu besitzen, es als Colonisten, als Hirten oder Ackerleute zu bauen und zu nutzen; mithin war nach allen vorhergegangenen Verheerungen, Durch- und Auszügen ihre geräuschlose, fleißige Gegenwart den Ländern ersprießlich. Sie liebten die Landwirthschaft, einen Vorrath von Herden und Getraide, auch mancherlei häusliche Künste, und eröffneten allenthalben mit den Erzeugnissen ihres Landes und Fleißes einen nützlichen Handel (S. 277) ... Längs der Ostsee von Lübeck an hatten sie Seestädte erbauet, unter welchen Vineta auf der Insel Rügen das Slawische Amsterdam war; so pflogen sie auch mit den Preußen, Kuren und Letten Gemeinschaft, wie sie Sprache dieser Völker zeigt. Am Dnjepr hatten sie Kiew, am Wolchow Nowgorod gebauet, welche bald blühende Handelsstädte wurden, indem sie das Schwarze Meer mit der Ostsee vereinigten und die Produkte der Morgenwelt dem nord- und westlichen Europa zuführten. In Deutschland trieben sie Bergbau, verstanden das Schmelzen und Gießen der Metalle, bereiteten das Salz, verfertigen Leinwand, braueten Meth, pflanzten Fruchtbäume, und führeten nach ihrer Art ein fröhliches, musikalisches Leben. Sie waren mildthätig, bis zur Verschwendung gastfrei, Liebhaber der ländlichen Freiheit, aber unter-würfig und gehorsam, des Raubens und Plünderns Feinde. All das half ihnen nicht gegen die Unterdrückung, ja es trug zu derselben bei. Da sie sich nie um die Oberherrschaft in der Welt bewarben, keine kriegssüchtige erbliche Fürsten unter sich hatten und lieber steuerpflichtig wurden, wenn sie ihr Land nur mit Ruhe bewohnen konnten, so haben sich mehrere Nationen, am meisten aber die vom deutschen Stamme, an ihnen hart versündigt (S. 393) ... Das Rad der ändernden Zeit drehet sich indes unaufhaltsam, und da diese Nationen größtentheils den schönsten Erdstrich Europas bewohnen, wenn er ganz bebauet und der Handel daraus eröffnet würde ... so auch wohl nicht anders zu denken ist, als daß in Europa die Gesetzgebung und Politik statt des kriegerischen Geistes immer mehr den stillen Fleiß und das ruhige Verkehr der Völker untereinander befördern müssen und befördern werden, so werdet auch ihr so tief versunkene, einst fleißige und glückliche Völker, endlich einmal von eurem langen trägen Schlaf ermuntert, von euren Sklavenketten befreiet, eure schönen Gegenden vom adriatischen Meer bis zum karpathischen Gebürge, vom Don bis zur Mulda als Eigenthum nutzen, und eure alten Feste des ruhigen Fleißes und Handelns feiern dörfen ... Schon unter Karl dem Großen gingen jene Unterdrückungskriege an, die offenbar Handelsvortheile zur Ursache hatten, ob sie gleich die christliche Religion zum Vorwande gebrauchten ... in ganzen Provinzen wurden die Slawen ausgerottet oder zu Leibeigenen gemacht, und ihre Ländereien unter Bischöfe und Edelleute vertheilt ... Unglücklich ist das Volk dadurch geworden, daß es bei seiner Liebe zur Ruhe und zum häuslichen Fleiß sich keine dauernde Kriegserfahrung geben konnte, ob es ihm an Tapferkeit ... nicht gefehlt hat. Unglücklich, daß seine Lage ... es auf einer Seite den Deutschen so nahe brachte, auf der anderen seinen Rücken allen Anfällen östlicher Tataren frei ließ, unter welchen, sogar unter den Mongolen, es viel gelitten, viel geduldet (S. 394).

Ernst Eduard Kunik; Ljudewit Gaj und der Illyrismus. In: Jahrbücher für slawische Literatur, Kunst und Wissenschaft 1, Leipzig 1843, S. 15–20. Hier in: Mensch – Wissenschaft – Magie. Mitteilungen der Österreichischen Gesellschaft für Wissenschaftsgeschichte, ÖGW, Bd. 34–35, o. J. Wien, S. 147–153.

Gaj ist als Begründer einer nur regionalen, in Kroatien entstandenen Form des österreichischen Panslawismus eine Ausnahmeerscheinung. Insofern gehört er nicht zu seinen Zeitgenossen, den Austroslawisten. Seine Bildung, sein öffentliches politisch-publizistisches Wirken unterscheiden ihn von denen. Kunik hat die Persönlichkeit Gajs und die eigen- oder einzigartigen Umstände der kurzen Entstehung und Wirkung des Illyrismus abgewogen, kritisch und kenntnisreich dargestellt. Seine Studie ist ein besonderes Zeugnis des Niveaus der Wiener Slawistik in der ersten Hälfte des 19. Jahrhunderts.

Kein Stamm der Slawenwelt hat sich in so viele einzelne Zweige gegliedert, als der illyrisch-serbische, oder wie er jetzt von gewissen Seiten schlechtweg genannt wird, der illyrische. Im Laufe der Zeit hatten in den Gebieten, welche von diesem Stamme bewohnt werden, mehr als zehn verschiedene Volks- und Landesteile eine gewisse nationale Selbständigkeit errungen, die freilich mehr oder minder fremdem Drucke und Einflüssen ausgesetzt war. So waren die illyrischen Slawen in Steiermark und Kärnten frühzeitig unter deutsche Oberherrschaft gekommen, welche namentlich von den Grenzen und den größeren Städten aus zersetzend auf ihr nationales Wesen einwirkte. Fester hielt das stammverwandte Krain an seiner slawischen Eigentümlichkeit fest. Ein ganz anderes Geschick traf Croatien, Slawonien und das mit ihnen innig verbundene Gebiet der Militärgrenze. Das alte Croatenreich unterlag früh dem Andrange Ungarns, während die slawischen Bewohner in Dalmatien und in einem kleinen Gebiete des heutigen Oberitaliens italienische Civilisation annahmen. Diese verzichtete in den zwanzig slawischen Stadtgemeinden in Dalmatien auf jeden Ansatz zu einem Bundesstaate. In Serbien und Bosnien und den ihnen benachbarten Gebieten schien im XIV. Jahrhundert sich eine slawische Schwerkraft bilden zu wollen. Da legte der Muhamedanismus sein hartes Gebot den Christen in der Bolgarei und Serbien auf. Nur Montenegro beugte seinen Nacken nicht unter das türkische Joch, sondern eröffnete den Freiheits- und Glaubenskampf der christlichen Südslawen. Zahlreiche Scharen von Serben gewannen unter Ungarns Schutze und auf ungarischem Boden ein friedlicheres und glücklicheres Dasein; ein anderer Teil des Serbenstammes erkämpfte sich in diesem

Jahrhundert seine Unabhängigkeit und harrt der Zeit, wo er Bosnien dem Halbmond entreißen könnte, mit Ungeduld entgegen.

Der politischen Zerrissenheit dieser illyrischen Slawen entspricht, und zwar in einem noch höheren Grade, die religiöse. Kärnten, Krain, Steiermark wurden mit dem Christentum von Deutschland aus bekannt; von hier erhielten sie später die Reformation, in deren Gefolge ein geistiger Aufschwung die Gemüter beseelte. Allein dem Fanatismus des XVI. und XVII. Jahrhunderts gelang es, die „Ketzereien" in ihnen wieder auszurotten, und nun sind sie bis auf geringe Überreste wieder katholisch. Slawonien, Kroatien, Dalmatien gaben früh das griechische Glaubensbekenntnis auf und nur geringe Trümmer in Croatie und Dalmatien bezeugen seine frühere Herrschaft. Die Reformation fand wohl in Kroatien viele begeisterte Anhänger, aber auch bald ihren Untergang. In Bosnien und Serbien hat die griechische Kirche sich gegen alle Bekehrungsversuche der katholischen Priester behauptet und nur der Muhamedanismus hat ihr einige Tausende von Anhängern entzogen. Die ungarischen Serben haben sich in zwei kirchliche Richtungen geschieden: die Einen sind der griechischen Kirche zugetan, die Andern haben sich der griechisch-unirten zugewandt.

Mit der religiösen Spaltung ging auch die literarische Hand in Hand. Eine gemeinsame illyrische Schriftsprache hat es bis auf die neueste Zeit nicht gegeben; sondern es hatten sich bei den Illyro-Serben nach und nach gegen zwanzig mundartliche Nuancen ausgebildet … So gab es eine windo-slowenische vor und nach der Reformation in dem eigentlich sogenannten Illyrien; neben ihr ging eine kroatische einher und unabhängig von ihr entwickelte sich die reichhaltige dalmatinische namentlich im Laufe des XVI. und XVII. Jahrhunderts. Die griechischen Serben … suchten seit dem vorigen Jahrhundert wieder eine Nationalliteratur ins Leben zu rufen. Da jede von diesen kleinen Literaturen auf eine selbständige Entwicklung Anspruch machte, so konnte natürlicher Weise keine ein allgemeines Interesse unter der Hauptmasse der illyrischen Slawen erregen. Schon die Verschiedenheit des Alphabets ließ ein solches nicht leicht aufkommen. Die Windo-Slawen schrieben und druckten abwechselnd in lateinischer und deutscher Schrift; in Kroatien und Slawonien hatte sich die lateinische Schreibweise Geltung verschafft. Neben ihr war im kroatischen Küstenlande die glagolitische Schrift, eine Verstümmelung der kirchenslawischen, in Gebrauch gekommen, während in Dalmatien noch lateinische und russische Schrift sich bis auf die Gegenwart kreuzen. Nur die Serben behielten die echt slawische Kirchenschrift bei und verstanden sich, so wie die Bolgaren erst in der neuesten Zeit, zur Annahme des russischen Alphabets.

So vielfach war der Stamm der Illyro-Serben gesondert und zerfallen. Nur ein Band hielt die getrennten Glieder zusammen. Es war die gemeinsame Sprache. Mit dem Beginn einer höheren Sprachforschung unter den Slawen musste sich unwillkürlich die Überzeugung aufdringen, dass alle jene Mundarten und Untermundarten der Illyro-Serben im Wesentlichen ein und dieselbe Sprache ausmachen. Es kam nur darauf an, diese Ansicht ins Leben einzuführen, um so auch die einzelnen Winkelliteraturen zu einer gemeinsamen Literatur zu erheben. Dies erkannte als seine Aufgabe der Croat Ljudewit Gaj …

(Es folgt eine mehrere Seiten umfassende Darstellung der sprach- und im Grunde kulturwissenschaftlichen Leistungen Gajs, durch die er zum Begründer des südslawischen *Illyrismus* wurde. Diese Darstellung endet in einer Auseinandersetzung mit in dieser Zeit entstandenen kontroversen kulturpolitischen Auffassungen um südslawische Identitäten im Spannungsfeld zwischen diesen und deutschen, österreichischen, germanischen, magyarischen und anderen slawischen Ansprüchen und Positionen. Ähnlich wie Linhart beschäftigte sich Kunik mit der Bedeutung der Südslawen für die Zukunft Österreichs.)

Es hängt nun von der österreichischen Regierung ab, den … Umschwung der Dinge so zu benutzen, wie es eines christlichen Staates, welchem nationaler Fanatismus ebenso wie religiöser als sündhaft erscheinen muss, würdig ist ... nur so viel sei angedeutet, dass jene magyarischen und slawischen Stimmen, welche ... den österreichischen Staat aus seinen Angeln gehoben sehn möchten ... wohl etwas zu vorlaut sind. Österreich hat, wenn es überhaupt einer Rettung vor seinen Magyaren, tschechischen, russischen und illyrischen Slawen bedarf, dieselbe in dem innigen und aufrichtigen Anschließen an die sich bildende deutsche Nationalversammlung, keineswegs aber in gewissen politischen Kunstgriffen ...

(Dieser Ansicht war sein Zeitgenosse Palacký nicht; er hatte, wie erwähnt, eine Mitwirkung an der Frankfurter Nationalversammlung mit der Begründung abgelehnt, er sei als Slawe dafür nicht berufen. Gaj bemühte sich folgend, seine Haltung weiter zu erklären:)

Von hoher Wichtigkeit für das künftige Geschick des illyrischen Slawenstammes ist auch das weitere Verhalten Österreichs zum Deutschtum. Von einer Germanisierung der illyrischen Slawen können nur noch solche träumen, welche weder mit dem zähen Wesen der Slawen, noch mit dem, was jetzt unter ihnen vorgeht, hinlänglich vertraut sind. In eine ganz untergeordnete Stellung können sie schwerlich bei dem künftigen Nationalitätenkampfe herabgedrückt werden ... Regt sich doch selbst in Triest wieder das slawische Leben, das, wenn es sich auch zu keiner slawischen Universalmonarchie gestalten will, doch ... in seinen einzelnen Repräsentanten immer entschiedener sich zu gemeinsamer Gesinnung erhebt. Allerdings wächst dabei der oft so lächerlich sich aufspreitzende Übermut der überspannten Partei der Slawen, die namentlich auch bei den Illyriern zu finden ist ... Törichter Wahn aber auch ist es, von der Begeisterung und der gemeinsamen Gesinnung der aufgewachten Slawenwelt nur geringfügige und vereinzelte That zu erwarten, und noch unkluger und kurzsichtiger, sich mit ihr anders, als auf dem Wege der Humanität vertragen zu wollen.

Solovjeff, Wladimir (Solov'ev, Vladimir): Rußland und Europa (= Politisches Leben. Schriften zum Ausbau eines Volksstaates); a. d. Russ. v. H. Köhler; Jena 1917.

Warum diese Schrift des russischen Philosophen gerade in der Reihe *Poltisches Leben. Schriften zum Ausbau eines Volksstaates* des Jenenser Diederich-Verlages erschien, in dem auch die dreibändige Ausgabe seiner ausgewählten Werke verlegt wurde, erläutert der Herausgeber Harry Köhler nicht. In einer informativen Vorrede, die mit Gr. L. gezeichnet ist, werden einige Gründe erklärt, die Danilevskij bewogen haben, *Rußland und Europa* zu schreiben. Dieser Jenenser Verlag widmete sich besonders der Herausgabe von Werken russischer Autoren oder über Russland.

Der Übersetzer dieser Schrift macht darauf aufmerksam, dass Solov'ev neben dem Buch Danilevskijs die Schriften von N. Strachoff „Der Darwinismus" und „Der Kampf mit dem Westen in der russischen Literatur" nennt. Nötzel, der Herausgeber Danilevskijs, hatte bereits erwähnt, dass dessen Studien zu Darwin möglicherweise bedeutender seien als sein Werk „Rußland und Europa". Anzumerken ist, dass Danilevskij meistens den Begriff „Rußland" statt „die russisch-slawische Welt" oder „Rußland und das Slawentun" verwendet.

Der Text wie besonders auch die Fußnoten in Solov'evs Schrift wiesen auf seine stupende enzyklopädische Belesenheit und Gelehrsamkeit hin. Hervorzuheben sind die Einbeziehungen
antiker griechischer, römischer, mittelalterlicher sowie zeitgenössischer russischer, englischer (John Stuart Mill) und französischer Autoren wie Maxime Ducamps, Gaston Boisiere, Ernest Renan und anderer. Aus Solov'evs Schrift werden einige Passagen zitiert.

Die Verehrer des Buches von Danilevskij sind der Ansicht, daß es der Katechismus oder Kodex des Slawophilentums sei (S. 7) *... zwischen ihm und den frühen Slawophilen besteht jedoch ein Unterschied ... Jene behaupten näm-*

lich, daß das russische Volk durch seine welthistorische Aufgabe dazu berufen sei, Träger der höchsten Aufklärung in der Gesamtmenschheit zu sein; Danilewsky (so bei Solov'ev – W. G.) jedoch verneint jede allgemein menschliche Aufgabe und hält Rußland und das Slawentum nur für einen besonderen historischen Typus, der sich jedoch vollständiger und vollkommener (nach seiner Terminologie) in einer vierfachen Grundlage ausbaue, weil er in sich alle Vorzüge der vorhergehenden Typen enthalte. Die Unstimmigkeit tritt daher nur in der abstrakten Terminologie zutage ... (wenn) die eigentlichen, echten Slawophilen ... (weil) sie, wenn auch nur von ganz abstrakten Gesichtspunkten ausgehend, die Solidarität der ganzen Menschheit gelten ließen ... Dagegen gebührt Danilewskys Ausführungen über die nationale Idee zweifellos der Vorzug. Für die früheren Slawophilen war diese Idee in erster Linie ein Objekt für lyrische, prophetische und rednerische Begeisterung ... Wir besitzen jetzt ... dank dem Buche Danilewskys, eine ruhige und gesunde, systematische und gründliche Darlegung dieser Idee in ihren allgemeinen Grundlagen und in ihrer Anwendung auf Rußland. Danilewsky stand als Empiriker und Realist in seiner ganzen Denkweise und als Naturforscher und Mann der praktischen Tat sowohl dem Idealismus als auch der poetischen Phantasie fremd gegenüber (S. 9/10) und unterschied sich dadurch scharf von den Hauptvertretern der slawophilen Partei, die meistens in Hegelscher Dialektik großgewordene Dichternaturen waren. Andererseits gehört der Verfasser von „Rußland und Europa" zu den besten Vertretern der slawophilen Partei, da er ebenso wie sie über stark entwickelte Verstandeskräfte verfügt und einen moralisch unanfechtbaren Charakter besitzt; durch einen ganzen Abgrund aber ist er von dem heute triumphierenden Straßenpatriotismus und Nationalismus getrennt (S. 10) ...

Die große Anzahl eigenartiger kulturhistorischer Volkstypen an Stelle der Menschheit in ihrer Gesamtheit, die unabhängige und abgesonderte Entwicklung dieser Typen an Stelle einer allgemeinen geschichtlichen Entwicklung, endlich Rußland (und das Slawentum) als ein besonderer kulturhistorischer Typus, der sich vollkommen vom übrigen Europa unterscheidet und zugleich auch den höchsten, besten und vollkommensten Typus darstellt, das sind die Hauptsätze, die in dem Buche „Rußland und Europa" behandelt werden. Wir haben jedoch nicht die Absicht, sie vom christlichen und humanen Standpunkte aus zu widerlegen, sondern wie ... die Theorie ... begründet ist. Zuerst wollen wir uns davon überzeugen, ob es irgendwelche tatsächlichen Gründe dafür gibt, Rußland die Bedeutung eines eigenen kulturhistorischen Typs zuzusprechen, „und zwar eines besonderen und durch dieses Besondere auch höheren Typus im Vergleiche mit den anderen Völkern Europas!" („..." im Text kursiv – W. G.)

Bestimmte kulturgeschichtliche Behauptungen Danilevskijs, so die zwar gestellte, aber nicht klar beantwortete Frage nach der „Übertragbarkeit von Kulturen", werden durch den russischen Philosophen kritisch mit Vorwurf zurückgewiesen: *er geht auch mit Stillschweigen über die universelle Bedeutung des Judentums hinweg. „Die Juden", sagt er, „haben ihre Kultur keinem einzigen der benachbarten und gleichzeitig mit ihnen lebenden Völker übermittelt". Unter der hebräischen Kultur darf aber nur die hebräische Religion verstanden werden. Das behauptet auch Danilewsky selbst an einer anderen Stelle, indem er die Juden zu den Typen mit nur einem Grundelemente rechnet und zugibt, daß die Religion ihr einziges selbständiges Kulturprinzip war. Folglich kann hier nur von einer Übertragung der jüdischen Religion die Rede sein. Denn sie konnten nicht gut ihre Architektur z. B. an die Phönizier weitergeben, weil sie diese ja selbst von ihnen übernommen hatten. Ihr religiöses Prinzip haben die Juden jedoch zweifelsohne weitergegeben, einerseits durch das Christentum den Griechen und Römern, den Germanen und Slawen und andererseits durch den Mohammedanismus den Arabern, Persern und türkischen Volksstämmen. Oder soll etwa die Bibel auch nur als ein äußeres Hilfsmittel, nur als eine „Verbesserung des geistigen Kulturbodens" angesehen werden? Vielleicht fühlte Danilewsky die ganze Stärke dieses Einwandes und versuchte ihn daher zu umgehen, wenn auch nur auf die ungeschickteste und unbeholfenste Weise. „Die Juden",* sagt er, *haben ihre Kultur keinem einzigen der benachbarten und mit ihnen lebenden Völker übermittelt". Hier ist unter dem Leben des jüdischen Volkes augenscheinlich die Periode seines unabhängigen politischen Daseins gemeint, denn abgesehen davon leben die Juden bis heute noch* (S. 47/48).

Solov'ev hätte ergänzen und hinzufügen können, dass die reale europäische Kulturgeschichte ohne die generellen und speziellen kulturellen und eben gerade nicht nur religiösen Übertragungsleistungen und -wirkungen des Judentums seit der Diaspora ab oder nach dem 3./4. Jahrhundert und dann vor allem in den Zeitaltern seit der Renaissance gar nicht stattgefunden hätte oder vorstellbar wäre.

Solov'ev erläutert, kommentiert und kritisiert abgewogen und kenntnisreich die Auffassungen Danilevskijs und anderer zu diesem Problem unter Einbeziehung geistes-, philosophie- und kulturgeschichtlicher Gesichtspunkte über einen Zeitraum vom europäischen und nicht europäischen Altertum bis zum 19. Jahrhundert. Er betont: *Die Russen haben unzweifelhaft ihre Fähigkeit für jede wissenschaftliche Tätigkeit bewiesen. Diese Fähigkeit gab ihnen zusammen mit der ausgezeichneten wissenschaftlichen Schulung … die Hoffnung, daß die russische Nation bei der außerordentlich schnellen geistigen Entwicklung unserer Zeit wahre Wunder auf wissenschaftlichem Gebiete leisten werde* (S. 15).
Bei allen Fehldeutungen und Irrtümern finden sich bei Danilevskij einige Passagen, wiederum mit Beschreibungen wie jener, in der er einerseits das *goldene Zeitalter russischer Literatur,* zutreffend würdigt, andererseits jedoch dies mit einem Vergleich wieder fragwürdig erscheinen lässt: *Ohne Zweifel besitzt die schöne Literatur Rußlands in ihren besten Schöpfungen Eigenart und inneren Wert. Wenn aber Eigenart und Bedeutung der schönen Literatur bei den Deutschen, Spaniern und Engländern nicht das Merkmal eines besonderen kulturhistorischen Typs für diese Nationen bedeuten, so ist auch ein solches Anzeichen für Rußland nicht vorhanden. Die russische nationale Eigenart … ist wohl von niemandem bestritten worden … Der russische Roman stellt eine unter vielen Arten des europäischen Romans dar, nicht nur in bezug auf die Form … sondern auch in bezug auf die innere Eigenart, die nur einen äußeren Unterschied … in der europäischen Literatur zum Ausdruck bringt* (S. 26/27).

Nach einer konzentrierten, kritischen und präzisen Behandlung der von Danilevskij aufgeworfenen Fragen und Probleme kommt er auf die Lage der russischen Slawophilen zurück: *In der Geschichte unserer literarischen und geistigen Bewegung gibt es nichts Traurigeres als das Schicksal des Slawophilentums, und eine langjährige Erfahrung legt den Schluß nahe, daß dieser Lehre auch in Zukunft bittere Mißerfolge bevorstehen werden. Keine der Hoffnungen … hat eine lichte Zukunft vor sich …* (ab hier kursiv bis Ende des Zitats – W. G.) *Der Knotenpunkt der ganzen slawischen Frage liegt aber eben in unserer Kultur, und wenn die geistigen und historischen Kräfte unserer russischen Eigenart sich nicht entwickeln wollen, wenn unser religiöses, politisches, geistiges und künstlerisches Leben nicht so wächst, daß es mit der Kulturentwicklung des Westens rivalisieren kann, so müssen wir unausweichlich für die anderen Slawen in den Hintergrund treten* (S. 73) … *Die slawophile Bewegung ist nichts anderes als eine Form unseres Nationalismus und ihr eigentlicher Wesenskern beruht nur in der Behauptung des unbedingten Erfolges unserer nationalen Angelegenheiten. Wenn wir nun aber niemals imstande sein werden …, alle die großen Taten zu verrichten, die die Slawophilen von uns erwarten, was bleibt dann noch vom Slawophilentume übrig? Die Slawophilen haben ja auch nicht die großen Taten für uns tun können, sondern sie haben sie nur vorausverkündigt … Ich spreche hier nicht von dem alten Stamme der*

Slawophilen, ihr Irrtum war aus aufrichtigen und glühendem Enthusiasmus geboren und verdient mehr Mitleid als Vorwürfe. Es ist aber ganz unmöglich, vor der Lehre der Slawophilen und vor ihren „großen Ideen" verehrend ins Knie zu sinken und gleichzeitig zu verkünden, daß diese große Idee sich nur als eine richtige Präsentation erwiesen hat. Anders klingen die Worte, die Danilewsky nach seinem Tode zu uns spricht ... „Alles, was ich hier geschrieben habe, ist törichtes Zeug" (S. 73/74).
Am Anfang seines Buches ... stellt Danilewsky die Frage: „Warum liebt Europa Rußland nicht?" Seine Antwort ist bekannt. Europa, so denkt er, fürchtet uns als einen neuen und höheren kulturhistorischen Typus, der dazu berufen ist, die Greisenhaftigkeit der romanisch-germanischen Zivilisation zu ersetzen ... Wenn das bittere Bekenntnis Danilewskys richtig ist, daß Rußland sich als ein „kranker und geschwächter Koloß" zu erweisen beginnt, dann müßte die Frage, warum Europa uns nicht liebt, durch eine andere, viel näher liegende und wichtigere Frage ersetzt werden, nämlich die Frage: woran und warum sind wir krank? ... Auf uns lasten, wie ein alter Schriftsteller sagt, unsere Volkssünden ... somit kann die ... einzig wesentliche Frage für einen ... russischen Patrioten nicht die Frage nach der Macht und der Berufung, sondern die Frage nach „den Sünden Rußlands" sein (S. 75/76).

Solov'ev hat schließlich nach seiner kritischen Beschäftigung mit Danilevskij so auf seine Weise die bekannten „russischen Fragen": „was tun, wohin, wer ist schuld" ergänzt, genauer gestellt und beantwortet.

Michail Petrovič Pogodin

Im Jahre 1839 verfasste der Geschichtsprofessor an der Moskauer Universität nach einer Reise in westslawische europäische Länder diese als erstes Programm des russischen Panslawismus bekannt gewordene Schrift. (In: Schulze, H.; Paul I. U. (Hg.): Europäische Geschichte. Quellen und Materialien; München 1994, S. 1149–1151; nach Kohn, H.: Die Slawen und der Westen. Die Geschichte des Panslawismus; Wien 1956, S. 128–131).
Es ist bemerkenswert, dass diese Eloge in einem apotheotisch-lyrischen Stil geschrieben wurde, ganz im Gegensatz zu anderen Zeugnissen des russischen Panslawismus, die eine geopolitisch radikale Position ausdrücken, wie das folgende Beispiel (Dostoevskij) zeigt.

Rußland – welch wunderbare Erscheinung auf der Weltbühne ... welches Land kann sich mit seiner Größe vergleichen, welches nur mit der Hälfte seines Umfangs? ... Ein Volk von 60 Millionen, ohne die, die nicht erfaßt worden sind, eine Bevölkerung, die jedes Jahr um eine weitere Million wächst und bald 100 Millionen zählen wird ... Dieser Zahl laßt uns noch die dreißig Millionen Brüder und Vettern hinzufügen, die Slawen, die über ganz Europa verstreut sind, von Konstantinopel bis Venedig, von Morea bis zur Ost- und Nordsee, die Slawen, in deren Adern das gleiche Blut fließt wie in unsern, die die gleiche Sprache sprechen wie wir und deshalb, einem Naturgesetz folgend, wie wir fühlen, die Slawen, die trotz geographischer und politischer Trennung durch Ursprung und Sprache eine geistige Einheit mit uns bilden. So können wir ihre Zahl von der Bevölkerung des benachbarten Österreich und der Türkei und von dem übrigen Europa abziehen und zu unserer Zahl addieren. Was wird dann von ihnen bleiben, was wird unser sein? ... Rußland ist ein Land, daß alle Bodenarten, alle Klimata enthält, das an allen Produkten Überfluß hat ... eine Welt für sich, die sich selbst trägt und unabhängig ist ... Im Hinblick auf die geistigen Quellen möchte ich auf einen besonderen Wesenszug des russischen Volkes hinweisen, sein „Tolk" und sein „Udal" (im Text kursiv – W. G.) *(Tolk = Einsicht, Verständnis, Vernunft;*

Udal = Kühnheit, Wagemut). Es gibt in anderen europäischen Sprachen keine Worte dafür, für seinen guten Sinn, Vitalität, Geduld, Demut, Tüchtigkeit in Zeiten schwerster Not, für diese glückliche Einheit von Eigenschaften nördlicher und südlicher Menschen. Erziehung ist in Europa eine Formsache, obwohl sie angeblich jedem zugänglich ist, und die niederen Klassen sind ... stumpf und unbeweglich im Denken (Es folgen weitere idealisierende Beschreibungen der Eigenschaften und Fähigkeiten russischer Menschen – W. G.) *... Wie tüchtig sind die russischen Bauernkinder in technischen und landwirtschaftlichen Schulen, in Physik und in Chemie! Wie begabt sind die jüngeren in der Moskauer Kunstschule! Und wer weiß, wie viele bemerkenswerte Erfindungen ohne Folgen blieben, weil sie nicht mitgeteilt und nicht bekanntgemacht wurden! ... Welche geistige Kraft ergänzt die physische! Alle diese physischen und geistigen Kräfte schaffen eine gigantische Maschine ... wer kann sie in jedem Moment durch eine einzige Geste in Bewegung setzen, wer kann ihr jede Richtung geben, jede Geschwindigkeit, die er wünscht? ... Wer kann sich mit uns vergleichen, wen zwingen wir nicht zur Unterwerfung? Liegt nicht das politische Schicksal der Welt in unseren Händen, wann immer wir es so oder so entscheiden wollen? Die Wahrheit meiner Worte wird noch offenkundiger, wenn wir die Zustände in anderen europäischen Ländern betrachten. Im Gegensatz zu Rußlands Kraft, Einheit und Harmonie finden wir dort nichts als Streit, Zersplitterung und Schwäche, durch die unsere Größe ... zur noch mehr beleuchtet wird.*

Fedor Michailovič Dostoevskij: Beiträge in der Wochenschrift „Der Staatsbürger" (von ihm auch bezeichnet als) Tagebuch eines Schriftstellers; in: Geissler, G. (Hg.): Europäische Dokumente aus fünf Jahrhunderten; Leipzig 1939, S. 726–728.

(Längere Auszüge aus dem Tagebuch, Bd. II, S. 218 ff. und anderer Texte Dostoevskijs enthält Tschižewskij, D.; Groh, D. (Hg.): Europa und Rußland. Texte zum Problem des westeuropäischen und russischen Selbstverständnisses; Darmstadt 1959; S. 474–511.)

In den beiden oben genannten Texten preist Dostoevskij wie Pododin geradezu hymnisch die charakterlichen Eigenschaften, die geistigen Fähigkeiten und moralischen Haltungen der Russen und weist darauf hin, dass – im Gegensatz zu Ansichten anderer Zeitgenossen – erst die Petrinischen Reformen den Weg zu dieser Entwicklung Russlands und der Russen geöffnet und bereitet haben. (Im Folgenden wird aus der genannten Puškin-Rede zitiert; die Beiträge in der Zeitschrift enthalten im Übrigen ebenso die kategorische Feststellung, dass Konstantinopel „früher oder später uns gehören" müsse und werde.)

Er betont, *die Bestimmung des russischen Menschen ist unstreitig eine universale. Ein echter, ein ganzer Russe werden, heißt vielleicht nur ... ein Bruder aller Menschen werden, ein Allmensch ... Oh, unsere ganze Spaltung in Slawophile und Westler ist ja nichts als ein einziges großes Mißverständnis, wenn auch ein historisch notwendiges. Einem echten Russen ist Europa ... ebenso teuer wie Rußland selbst, wie das Geschick des eigenen Landes, eben weil unsere Bestimmung ... die „Verwirklichung der Einheitsidee auf Erden"* („..." kursiv – W. G.) *und zwar nicht durch das Schwert errungenen, sondern durch die Macht der brüderlichen Liebe und unseres Strebens zur Wiedervereinigung der Menschen verwirklichten Einheit ... Die Völker Europas wissen ja nicht einmal, wie teuer sie uns sind! ... Und ich baue fest darauf, daß ... die künftigen Russen, bereits alle ausnahmslos begreifen werden, daß ein echter Russe sein nichts anderes bedeutet, als sich bemühen, die europäischen Widersprüche in sich endgültig zu versöhnen ... Es ist klar, daß dies alles beizeiten nur durch ein standhaftes Verhalten Rußlands in der Orientfrage und ein energisches Festhalten an den großen Überlieferungen unserer uralten Politik ver-*

mieden werden kann. In dieser Sache dürfen wir keinem europäischen Staat auch nur die geringste Konzession machen, weil es sich hier um unser Sein und Nichtsein handelt. Konstantinopel muß früher oder später uns gehören ... Wir Russen sind wirklich unentbehrlich ... für die Zukunft der Rechtgläubigkeit auf Erden und ihre Einigung ... In dieser Frage liegt unsere definitive Vereinigung mit Europa, doch auf Grund neuer, mächtigerer, fruchtbarer Prinzipien. Mit einem Worte: wie auch die jetzigen, vielleicht sogar notwendigen diplomatischen Verhandlungen und Vereinbarungen in Europa enden sollten, „früher oder später muß Konstantinopel doch uns gehören" („..." kursiv – W. G.), und wenn auch erst im nächsten Jahrhundert. Wir Russen sollten das immer und unabläßig im Auge behalten.

Ivan Kireevski: Über das Wesen der europäischen Kultur und ihr Verhältnis zur russischen. Offener Brief an den Grafen E. E. Komarovskij in der Zeitschrift Moskovskij Sbornik (1852). In: Tschiževskij, D.; Groh, D. (Hg.): Europa und Rußland, a. a. O.; S. 248–298; siehe auch Tornow, S.: Was ist Osteuropa? A. a. O. Wiesbaden 2005, S. 530/531.

Kireevskij wechselte nach Aufenthalten und Studien bei Hegel und Schelling in Deutschland von den „Westlern" zu den „Slawophilen". Er wurde mit Chomjakov und Aksakov zu einem ihrer maßgeblichen Vertreter. Wie schon die von ihm herausgegebene Zeitschrift „Der Europäer" nach 1832 ohne Begründung, so wurde auch diese Schrift von der Zensur verboten.

Wir wollen hier einhalten, um alles über den Unterschied zwischen westeuropäischer und altrussischer Kultur Gesagte zusammenfassen ... um aus ihnen eine Gesamtschau zu gewinnen, aus der man eine klare Bestimmung der Eigenarten beider Kulturen erhält.
Die westeuropäischen Völker wurden durch das Christentum im Gewand der Lehre der römischen Kirche durchdrungen – die Russen durch das Licht der gesamten orthodoxen Kirche. Die Theologie im Westen wurde abstrakt und rationalistisch – in der rechtgläubigen Welt bewahrte sie die innere geistige Ganzheit. Dort finden wir die Spaltung der Vernunftvermögen – hier das Streben nach ihrer lebendigen Zusammenfassung; dort sucht man zur Wahrheit über die logische Verknüpfung der Begriffe zu gelangen – hier mittels der Selbsterkenntnis zur seelischen Einheit und zum Zentrum der Vernunft; dort sucht man eine äußerliche und tote Einheit – hier die innere, lebendige. Im Westen ging die Kirche mit dem Staat eine Verbindung ein, indem geistliche und weltliche Macht, kirchliche und laizistische Bedeutungsgehalte zu einer Anstalt zwiespältigen Charakters verschmolzen – in Rußland hielt sich die Kirche rein von irdischen Zielen und Institutionen. Während es dort Universitäten gab, an denen scholastische Philosophie und Rechtswissenschaft gelehrt wurden, gab es im alten Rußland Klöster zum Gebet, die in sich das höhere Wissen zusammenfaßten. Dort bemühte man sich rationalistisch und schulmäßig um die höchsten Wahrheiten, hier aber um lebendige und allseitige Erkenntnis, dort durchdrangen sich heidnische und christliche Kultur wechselseitig, während man hier ständig die Wahrheit zu läutern strebte. In Europa entstand die Staatsform aus gewaltsamer Eroberung, in Rußland ging sie aus der natürlichen Entwicklung des völkischen Lebens hervor, das von einer einheitlichen Grundüberzeugung durchdrungen war. Der feindseligen Abgrenzung der Stände Europas steht im alten Rußland ihre einhellige Solidarität, trotz aller natürlichen Verschiedenheit gegenüber, den in einem künstlichen Zusammenhang verbleibenden Ritterburgen, die mit ihren Hintersassen Staaten für sich bilden, steht auf russischer Seite die unauflösliche Übereinstimmung des ganzen Landes gegenüber, das eine geistig unauflösbare Einheit bildet. Im Westen gilt der Grundbesitz als Grundlage bürgerlicher Verhältnisse, hier der Besitz nur als zufälliger Ausdruck persönlicher Beziehungen.

Dort ist die Rechtsordnung auf formallogischen Prinzipien aufgebaut, hier entsteht sie unmittelbar aus dem Leben; dort neigt man zur äußeren Gerechtigkeit, bei uns bevorzugt man die innere; in Europa bemüht sich die Rechtswissenschaft um strenge Kodifizierung, in Rußland sucht man dagegen statt äußerer Verknüpfung der Formen nach einer inneren Bindung des Rechtsbewußtseins an Glauben und Leben, so wie auch hier die Gesetze auf natürliche Weise aus dem Leben herauswachsen, statt Kunstprodukte der herrschenden Meinung zu sein. Verbesserungen gehen in Europa immer nur aus gewaltsamen Veränderungen hervor, bei uns dagegen aus organischem Wachstum. Beachten wir dort das Hin und Her des Parteigeistes, so hier die Festigkeit einer gemeinsamen Überzeugung, dort die Laune der Mode, hier die Festigkeit der Sitten, dort die Unbeständigkeit des autonomen Individuums, hier die Beständigkeit der familiären und der durch die Gemeinschaft geknüpften Bande. Finden wir in Europa luxushafte Eleganz und Unnatürlichkeit, so in Rußland Genügsamkeit und moralische Stärke; dort verzärtelte Verträumtheit, so hier gesunde Ganzheit der Verstandeskräfte; beim westlichen Menschen innere seelische Unruhe, einhergehend mit der rationalen Überzeugung von der eigenen moralischen Vollkommenheit; beim Russen dagegen die tiefe Ruhe und Stille der Selbsterkenntnis, begleitet von ständigem Mißtrauen gegen sich selbst und grenzenlosen Forderungen nach sittlicher Vervollkommnung. Mit einem Wort: im Westen herrscht überall Zersplitterung ... des Geistes, des Denkens, der Wissenschaft, des Staates, der Stände, der Gesellschaft, der familiären Rechte und Pflichten, der sittlichen und seelischen Verfassung, aller totalen und partiellen Aspekte des menschlichen Lebens, sowohl in gesellschaftlicher als auch in individueller Beziehung. In Rußland dagegen überwiegt das Streben nach Ganzheit der inneren und äußeren, kontemplativen und aktiven und schließlich der künstlerischen und sittlichen Lebensformen. Wenn das bis jetzt von uns Ausgeführte richtig ist, dann können wir den Gegensatz der westeuropäischen und der altrussischen Kultur auf die Formel reduzieren: Zersplitterung gegen Ganzheit, Rationalismus gegen Intellektualismus.

Kireevskij beschreibt die von der Geistlichkeit geschaffenen frühen Anfänge der russischen Kultur und behauptet: *Diese Kultur hat in Rußland so schnell eine solche Höhe erreicht, daß wir mit Staunen vor der Tatsache stehen, daß einige der Fürsten aus der Zeit der Teilfürstentümer im 12. Und 13. Jahrhundert bereits Bibliotheken besaßen, denen an Bänderzahl die damals im Westen den ersten Rang beanspruchende Pariser Bibliothek kaum gleichkam, daß viele unter ihnen des Griechischen und Lateinischen genau so kundig waren wie des Russischen, einige sogar noch anderer europäischer Sprachen; daß wir in einigen erhaltenen Schriften des 13. Jahrhunderts Zitate aus russischen Übersetzungen griechischer Werke finden, die nicht nur in Europa unbekannt, sondern auch in Griechenland nach dessen Verfall verlorengegangen waren und die erst kürzlich mit großer Mühe in den durch die Forschung noch unerschlossenen Schatzkammern des Athos entdeckt worden waren, daß in der stillen Einsamkeit klösterlicher Zellen ... bis heute noch in alten Handschriften kirchenslavische Übersetzungen jener Kirchenväter studiert und abgeschrieben werden, deren tiefsinnige Schriften voller theologischer und philosophischer Spekulationen selbst heutzutage kaum jeder deutsche Philosophieprofessor an spekulativer Kraft erreichen dürfte (obwohl vielleicht kein einziger dies eingestehen würde).*

Nach Ausführungen zu Fakten, Ereignissen, Merkmalen und Personen der europäischen Geistes- und Kulturgeschichte, folgen Darstellungen zur russischen Lebensweise, zu Gebräuchen, Sitten und erneut zur Rolle der orthodoxen Kirche, aus denen der *Russe ... die Antwort auf die geistigen und seelischen Fragen finden (wird), welche den Menschen am meisten erregen, der von den jüngsten Ergebnissen der westlichen Selbsterkenntnis enttäuscht ist. Die Geschichte seines Vaterlandes wird es ihm ermöglichen, die Entwicklungsfähigkeit einer Kultur zu begreifen, die ganz anders geartet ist. Dann wird in Rußland eine*

Wissenschaft möglich werden, die auf selbständigen Prinzipien gründet, und zwar auf anderen als denen, welche uns die europäische Kultur darbietet; dann wird in Rußland eine Kunst möglich sein, die aus eigenständigen Wurzeln sprießt; dann wird auch das Leben der Gesellschaft eine Richtung nehmen, die von der, die ihm die europäische Kultur zu geben vermag, grundverschieden ist ... Die Wurzel der russischen Kultur lebt noch im russischen Volk und, was noch wichtiger ist, in der russischen heiligen orthodoxen Kirche. Deshalb kann nur auf diesem Fundament – auf keinem anderen – der dauerhafte Bau der russischen Kultur aufgeführt werden ... ihr so den höchsten Sinn verleihen und sie vollenden, sodaß jene Ganzheit ... für immer unserem gegenwärtigen und zukünftigen rechtgläubigen Rußland zuteil werden möge.

Es ist eine obskure, voluntaristische Mischung aus irrationalen Argumenten, historischen Irrtümern und sozialpsychologischen Vorurteilen. Sie sind ein besonderer Ausdruck der gegen die „Westler" gerichteten „Slawianophilen"-Ideologie, die apodiktisch und kategorisch diese Positionen vertrat:
Russland hat eine eigene, kulturelle, mentale und moralische Eigenart und ist der geschichtlich-gesellschaftliche Gegensatz, die historische Alternative zum „Westen", als Synonym für das übrige Europa. Dies alles ist bereits im alten Russland entstanden, Peter I. und seine Nachfolger haben Russland von seinem eigenen geschichtlichen Weg, seiner historischen Mission entfernt. Eine wesentliche Grundlage der russischen Identität ist die Orthodoxie. Die anderen slawischen Völker, sofern sie der Orthodoxie angehören, stehen den Russen geistig nahe oder sind ihnen verwandt.

Weitere Anmerkungen (Personen, Texte) zum polnischen Messianismus

Der polnische Fürst Adam Czartoryski gehörte zeitweilig zu den engsten Freunden und Beratern des russischen Kaisers/Zaren Alexander I.; er hatte am 23. Mai 1807 an den Grafen Stroganov geschrieben, *daß eine Föderation der slawischen Nationen das große und einzigartige Ziel sei, nach dem Rußland mit aller Kraft streben müsse* (Kohn 1956, S. 11).
Als stellvertretender russischer Außenminister von 1804 bis 1807 forderte er eine Wiederherstellung der Einheit Polens und eine Personalunion Polens mit Russland. Als er sich nach dem polnischen Aufstand von 1831 als Präsident einer polnischen Nationalregierung zur Verfügung stellte, wurde er von der russischen Regierung zum Tode verurteilt, floh nach Paris und führte dort eine Gruppe polnischer aristokratisch-konservativer Emigranten.

Der Publizist Tadeusz Czacki stellte nach den drei Teilungen Polens fest: *Polen ist aus der Zahl der Nationen gestrichen.* Seine Zeitgenossen Józef Marie Hoene-Wroński, Kazimierz Brodziński, Tadeusz Garczyński, Andrzej Towiański und andere prägten Begriff und Ideologie des *Messianismus*. Einleitend zum Abschnitt 2.3 wurde bereits erläutert, weshalb dieser Begriff insofern nicht seiner eigentlichen jüdischen religiösen Herkunft und Bedeutung entspricht, sondern in christlicher Bedeutung richtiger „Christologie" (oder ähnlich) genannt werden sollte. Die polnische Verwendung geht davon aus, dass „Polen als Christus der Völker gekreuzigt wurde und wieder auferstehen werde"; der Messias der jüdischen Religion wurde weder gekreuzigt noch ist er von den Toten auferstanden, sondern er kommt als Erlöser und Heilsbringer des jüdischen Volkes. Adam Mieckiewicz griff dies mehrfach auf, so in seiner *Totenfeier* (*Dziady*, 1832), in den *Büchern des polnischen Volkes und der polnischen Pilgerschaft: Und wie nach der Auferstehung von Christi Blut die Opfer in aller Welt aufhörten, so werden nach der Auferstehung des polnischen Volkes die Kriege in der Christenheit enden.* Mit anderen polnischen Patrioten war er in Italien an der Bildung einer polnischen Legion beteiligt, die an revolutionären Kämpfen wie denen des Generals József Bem in Ungarn teilnahm. In einer Rede an das Volk von Florenz im Jahre 1848 erklärte Mickiewicz: *Es ist Polens Ehre, sein einziger, wahrhaft christlicher Ruhm, daß es mehr gelitten hat als alle anderen Nationen ... Das eroberte, von den Regierungen und den Völkern verlassene Polen lag in Schmerzen auf seinem einsamen Golgatha. Man glaubte es erschlagen, tot, begraben ... Es kam der Augenblick, in dem die Welt an der Gnade und Gerechtigkeit des Allmächtigen zweifelte ... Aber Gott ist gerecht ... Bald wird man die Stimme Polens hören. Polen wird wiedererstehen! Polen wird alle slawischen Völker wiedererwecken, die Kroaten, die Dalmatiner, die Böhmen, die Mährer, die Illyrer. Sie werden ein Bollwerk gegen die Tyrannen des Nordens sein. Sie werden den Barbaren aus dem Norden, den Zerstörern von Freiheit und Kultur, für immer den Weg versperren. Doch Polen ist noch zu höherem berufen: Polen, die gekreuzigte Nation, ist auferstanden und gesandt, um ihren Schwesternationen zu dienen. Es ist Gottes Wille, daß das Christentum in Polen und durch Polen nicht nur ein toter Buchstabe, sondern das lebendige Gesetz der Staaten und der privaten Gemeinschaften sein soll; daß das Christentum sich durch Taten, durch großzügige und freigiebige Opfer erweise.*

Er forderte in Übereinstimmung mit anderen polnischen Emigranten und ihren französischen und italienischen Freunden die Vereinigung aller Westslawen gegen Russland, die Bildung einer slawischen Föderation, als deren Voraussetzung er wie andere Zugeständnisse seitens Österreichs, Russlands, Preußens oder gar deren Zerstörung ansah.

In der katholischen Zeitung *L'Avenir*, Paris, stand im September 1831: *Heroisches Volk, Volk unserer Liebe, ruhe in Frieden in dem Grabe, das das Verbrechen ... Dir gegraben hat, aber vergiß nicht: Auch im Grab ist noch Hoffnung, ein Kreuz ragt darüber empor, ein prophetisches Kreuz, das verkündet: Ihr werdet wiedergeboren werden.*

Hildegard Schaeder: Moskau. Das Dritte Rom. Studien zur Geschichte der politischen Theorien in der slawischen Welt. Prag 1929; Darmstadt 1957.

Schaeder hat diese Studie 1927 an der Philosophischen Fakultät der Universität Hamburg als Dissertation eingereicht. Auf Anregungen mehrerer Gelehrter (Vorwort zur ersten Auflage) wurde sie gedruckt, 1957 erschien die zweite Auflage. In zwei großen Abschnitten wird die Moskauer Lehre vom Dritten Rom mittels profunder Erschließung vieler seltener Quellen kritisch behandelt. Einbezogen werden Darstellungen zum bulgarischen Staat um 1393, zum byzantinischen Staat bis 1453, zum „Heiligen Rußland", zum russischen Patriarchat, anderen Themen und Quellen sowie schließlich ausführlich zu Križanić. Aus diesem Kapitel werden einige Passagen wiedergegeben.

Nach einer Erwähnung mehrerer *Dalmaltiner Schriftsteller, der eigentlichen Vertreter slavischen Nationalbewußtseins in jener Zeit* (S. 149), sowie dem besonderen Einfluss des Franziskaners und späteren Bischofs Rafael Levaković, der eine besondere Rolle in päpstlichen theologischen, kirchenwissenschaftlichen Institutionen und Publikationen spielte – er war als päpstlicher Commissarius in einigen europäischen Ländern tätig, setzte sich leidenschaftlich für die kroatische Sprache, Geschichte und Kultur ein und kann mit anderen kroatischen gelehrten Geistlichen als der geistige Vater von Križanić abgesehen werden –

behandelt Schaeder dann dessen Biografie unter Einbeziehung wohl seltener, zeitgenössischer Quellen ausführlich und schreibt:

Durch diese Menschen wird auch etwas von den geistigen Bewegungen der italienischen Renaissance, von dem neuen Stolz und der Verpflichtung für den Staat und für die nationale Besonderheit, wie sie sich von Italien auf die Ragusaner übertragen hatte, an Leváković und auch an Križanić herangekommen sein, freilich vielleicht nur auf dem Weg über ihre südslavischen Nachbildungen, denn auf ein offenes Interesse für die weltliche (S. 149/150) italienische Kultur seiner Zeit weist bei beiden wenig hin ... Fast alle Elemente, die Križanićs Lebenswerk bestimmen, sind also schon bei Leváković gegeben: Bekenntnis des katholischen Glaubens; Kampf gegen Häresie und Schisma; liebevolles Interesse für die Heimat, insbesondere die Sprache der Heimat; Blick vom eigenen slavischen Stamm über die Gesamtheit der slavischen Völker. Nur gewisse Berührungen mit Rußland, die auch er hatte, gewannen für ihn nicht die Bedeutung wie später für Križanić. Das hängt vielleicht mit einer tiefen Verschiedenheit der beiden Temperamente zusammen; Leváković wußte sich in jedem Augenblick als treuer Sohn seiner Kirche, die päpstliche Autorität war für ihn die letzte Maxime ... Križanić hat, soweit man sieht, niemals, auch wenn es ihm vielleicht hätte nützen können, seinen katholischen Glauben verleugnet; aber er hatte seine eigenen, besonderen Interessen, persönliche Absichten von großem Ausmaß, an denen er mit Zähigkeit festhielt.

Wie sein Lehrer blieb aber auch er nach seiner Erziehung und dem Zeugnis seiner Werke von dem freieren weltlichen Geist der Renaissance unbeeinflußt. Er hat zwar Machiavellis „Florentinische Geschichten" zitiert und den Charakter des Mannes beurteilt; ob er sie gelesen hat, steht darum noch nicht fest. Sein Vorgänger Possevino hat jedenfalls für seine Polemik ... nur eine tendenziöse Bearbeitung in der Hand gehabt. Die Wandlung in der Beurteilung Machiavellis durch die Zeit der Renaissance und Gegenreformation hindurch beleuchtet zugleich Križanićs Kenntnis vom Staatsbegriff der Renaissance, seine Stellung zu ihm und damit sein eigenes politisches Denken ... (S. 150) ... Bewegte sich Križanić in seiner Liebe für die Heimat in den Interessen und Leidenschaften seiner Landsleute und Zeitgenossen, wie geschah es, daß er sein Herz an das ferne, unbekannte Moskau hängte?

(Schaeder beschreibt dann negative Ansichten über die Russen und fährt fort – W. G.): *Doch hörte das europäische Publikum im 16. Jahrhundert schon Besseres* (genannt werden die Russland-Berichte von Fabri, Giovio und besonders die berühmten, in Europa weithin bekannten Rerum Moscoviticarum Commentarii (1549) des habsburgischen Diplomaten Herberstein, die nach seinen zwei Reisen zu dem Moskauer Großfürsten Vasilij III. die Russland-Kunde begründeten und das Russland-Bild des 16. und noch des 17. Jahrhunderts maßgeblich prägten. Die Interessen Križanićs an Russland und den Russen werden von Schaeder wiederum unter Einbeziehung vielfältiger Quellen erklärt und in seinem Werk „Politika" werden zwei selten veröffentliche beziehungsweise erläuterte Dokumente erwähnt: eine „Rede des Caren" und eine „Erklärung historischer Prophetien" (S. 159 ff.). Es handelt sich hierbei um eine Auseinandersetzung mit dem russischen, um/nach 1500 entstandenen Anspruch, dass „Moskau nach dem Fall des Zweiten Rom Konstantinopel im Jahre 1453 nun das Dritte Rom sei und es ein Viertes nicht geben werde", und um Erörterungen über die Herkunft, Bedeutung und Verwendung des „Zaren"-Begriffs und -Titels im Verhältnis oder im Vergleich zu den Bezeichnungen europäischer Herrscher.

Die Darstellungen Schaeders sind wegen ihrer profunden Kenntnisse, der Einbeziehung und Verwendung der Quellen, der Übersetzungen lateinischer, russischer und anderer Passagen in der wissenschaftlicher Literatur zu diesem Themenkreis als einzigartig zu bezeichnen.

Slawenkongresse

Nach einem ersten austroslawischen im April 1848 in Wien unter dem Vorsitz von Ľudovít Štúr und einem polnischen Versuch in Breslau im Mai 1848 fand im Juni 1848 in Prag der nun erste, so bezeichnete und gezählte Slawenkongress statt. Den Vorsitz hatte Palacký, unterstützt durch seinen Schwiegersohn Rieger und andere. Ein Hauptthema waren allerdings kontrovers behandelte Überlegungen zur Umwandlung Österreichs in einen föderativen Bund gleichberechtigter Völker aus den größten Bevölkerungsgruppen und Mehrheitsnationen der Monarchie, den deutschsprachigen/-stämmigen, tschechischen West- sowie kroatischen und slowenischen Südslawen. Es handelte sich um die später so genannte trialistische Lösung der inneren Konflikte und zur Sicherung der Zukunft der Monarchie, die auch in Kreisen österreichischer und slawischer Gelehrter wie Dobrovský und Politiker bereits seit dem Ende des 18. Jahrhunderts diskutiert wurde. Linhart und andere hatten bereits in ihren Schriften aus dieser Zeit auf die bedeutende Rolle der Slawen zum Erhalt und der Zukunftsgestaltung der Habsburger-Monarchie hingewiesen.

Dem Kongress lag ein von den revolutionären Bewegungen, die das westliche und mittlere Europa im ersten Halbjahr 1848 erschüttert hatten, geprägter *Resolutionsentwurf* vor:

Wir Slawen dürfen nicht ruhige Zuschauer bei Begebenheiten bleiben, welche die Existenz der Monarchie in Frage stellen und uns am Ende selbst in den Abgrund der Vernichtung reißen, wenn wir nicht außerordentliche Anstrengungen machen … Die Rettung liegt allein in einem innigen Anschlusse der Völker aneinander. Die Völker müssen erkennen, daß ihre staatliche Existenz wie ihre konstitutionelle Freiheit nur dann gewahrt sei, wenn sie sich zu einem österreichischen Bundesstaate vereinigen. Wir schlagen daher den slawischen Völkern der Monarchie vor, in einen Völkerbund zu treten, unter sich ein Schutz- und Trutzbündnis abzuschließen und die österreichische Monarchie als Bundesstaat wieder aufzubauen. (Geissler, G. (Hg.): Europäische Dokumente aus fünf Jahrhunderten; Leipzig 1939; S. 595.)

An dem Kongress nahmen der Anarchist Bakunin, allerdings ohne Mandat irgendeiner slawischen Bevölkerungsgruppe, also selbsternannt, und einige polnische Delegierte teil. Auf Betreiben Bakunins, unterstützt von den Polen, lehnte der Kongress den oben genannten gemäßigten Entwurf ab und verabschiedete ein *Manifest an die Völker Europas*, das eine absurde, widersprüchliche Mischung aus nationalistischen Irrtümern und Phrasen darstellt:

Die romanischen und germanischen Völkerstämme, einst als gewaltige Eroberer in Europa berühmt, haben mit der Kraft ihrer Schwerter für ihre Herrsucht mannigfache Befriedigung sich zu verschaffen gewußt. Ihre Staatskunst stützte sich zunächst auf das Recht des Stärkeren, nahm die Freiheit nur für die höheren Stände in Anspruch, regierte mittels Privilegien und erkannte den Volksmassen nur Pflichten, keine Rechte zu. Der freie Brite versagt dem Irländer die volle nationale Ebenbürtigkeit, der Deutsche droht slawischen Volksstämmen mit Zwang, der Magyare scheut sich nicht, das Recht der Nationalität in Ungarn nur für seine Rasse anzuerkennen … Wir, die wir als die Jüngsten, doch nicht die Schwächeren, auf der politischen Bühne Europas wieder erscheinen, tragen sofort auf die Beschickung eines „allgemeinen europäischen Völkerkongresses" (im Original kursiv – W. G.) *zur Ausgleichung aller internationalen Fragen an; denn wir sind überzeugt, daß sich freie Völker leichter untereinander verstehen als bezahlte Diplomaten.* (Geissler, a. a. O., S. 595.)

In einem Schreiben an das Präsidium der Frankfurter Nationalversammlung, in welchem er auf dessen Ersuchen seine Mitwirkung an deren Tätigkeit mit der Begründung ablehnte, dafür nicht legitimiert zu sein, hatte Palacký bereits erklärt, den österreichischen Staat erhalten zu wollen, „man müsse ihn, wenn er nicht schon bestünde, im Interesse Europas und im Sinne der Humanität schaffen", wie er schrieb. Sein Ziel war die Umgestaltung der habsburgischen in eine „slawische Monarchie". Dieses Bekenntnis wiederholte er in seinem *Politischen Vermächtnis* von 1872. Es war, wie gesagt, die Vorstellung von einer gleichberechtigten, paritätischen Beteiligung der zahlenmäßig stärksten Bevölkerungen, der deutschstämmigen/-sprachlichen, der magyarischen, der west- und südslawischen, an einer zu schaffenden Verfassung, einem entsprechend zusammengesetzten, zu bildenden Parlament und der staatlichen Leitung der Monarchie. Der Prager Slawenkongress Anfang Juni 1848, einberufen von Palacký und anderen, wurde während der dort stattfindenden revolutionären Vorgänge aufgelöst. Im August 1866 wurde von Palacký und Rieger erneut versucht, einen Kongress in Wien zu veranstalten, an dem der katholische Bischof Strossmayer für die Kroaten und der polnische Graf Gołuchowski für die Polen, ein Anhänger trialistischer Ansichten, teilnahmen. Slowenische Vertreter waren erneut nicht eingeladen. Vorgeschlagen und diskutiert wurden nun eine Föderation aus alt- und inner-österreichischen, böhmischen, ungarisch-kroatischen und polnischen Ländergruppen mit je einem zu bildenden Generallandtag über den einzelnen Landtagen, ein Reichskongress für gemeinsam zu regelnde Angelegenheiten; jedes Volk sollte ein eigenes Landesministerium mit einem Hofkanzler erhalten, aus den fünf Hofkanzlern sollte ein Reichsministerium gebildet werden.

Nach dem österreichisch-ungarischen Ausgleich und der Bildung der so genannten Doppelmonarchie von 1867 reiste am 15. Mai 1867 eine Delegation, bestehend aus Tschechen, Kroaten, Ruthenen (Ukrainern) und Slowenen, zum Besuch einer slawischen ethnografischen Ausstellung nach Moskau. Rieger hatte bereits vorher dem französischen Kaiser Napoleon III. ein Exemplar des tschechischen Staatsrechts übergeben. Damit sollte versucht werden, Frankreich für Lösungsversuche der Nationalitätenfrage in der Doppelmonarchie zu gewinnen oder sogar einzubeziehen.
Die slawischen Vertreter der Habsburger-Monarchie wollten hier wiederum für ihre Umwandlung in eine föderale Konstruktion und gegen deutsch-magyarische hegemoniale Ansprüche werben. Ihre „Pilgerfahrt" wurde in Wien und Budapest heftig kritisiert, die Teilnehmer wurden als Hochverräter beschimpft.
Der tschechische Gelehrte Josef Dobrovský hatte Jahrzehnte vor den Vorstellungen von einer „trialistischen" Umwandlung der Habsburger-Monarchie als eine ihrer Grundlagen und Voraussetzungen in einem Vortrag am 25. September 1791 vor der Böhmischen Gesellschaft der Wissenschaften in Anwesenheit von Kaiser Leopold II. in Prag *Die Ergebenheit und Anhänglichkeit der slavischen Völker an das Erzhaus Österreich* beschrieben.
Dobrovský gilt als einer der ersten Begründer der Slawistik als selbständiger wissenschaftlicher Disziplin. Diese Moskauer Zusammenkunft fand nun als zweiter Slawenkongress unter dem Eindruck des von Zar Alexander II. niedergeschlagenen polnischen Aufstandsversuches von 1863 statt. Dieser war polnischerseits so dilettantisch und überhastet vorbereitet worden, dass ganze Gruppen der polnischen Bevölkerung sich erst gar nicht beteiligten. Nach der Niederschlagung verschlechterten sich die ohnehin gespannten, teilweise feindseligen Beziehungen zwischen Polen und Russen weiter, in Polen nahmen abenteuerliche, illusorische und euphorische Haltungen ebenso zu wie pessimistische, resignative Stimmungen.

Die Ausstellung und der nachfolgende Kongress wurden von einem Komitee veranstaltet, in dem auch unter dem Eindruck der russischen Niederlage im Krimkrieg 1853 bis 1856 und der Niederwerfung des polnischen Aufstandes von 1863 pan- oder großrussische Positionen zunehmend dominierten. Das zeigte sich in Forderungen, Russisch zur offiziellen Sprache aller Slawen zu erklären und als solche durchzusetzen. Außerdem entstanden erneut orthodoxe Polemiken gegen nicht orthodoxe christliche Konfessionen. Die ukrainische Frage wurde gar nicht erst behandelt, die Polen waren der Ausstellung und dem Kongress demonstrativ ferngeblieben. Rieger, der Schwiegersohn Palackýs, versuchte erfolglos, die polnische Sache zu vertreten, antipolnische Haltungen zu verhindern, und bemühte sich ebenso vergeblich, eine Auffassung durchzusetzen, dass kein slawisches Volk über ein anderes slawisches Volk herrschen dürfe.

Es folgten mehrere, wenig erfolg- oder ergebnisreiche Kongresse 1898 und 1908 in Prag, einer dominiert von den sogenannten Jungtschechen, der andere unter dem Vorsitz von Masaryk; 1909 folgten weitere in Sofia und 1910 in Petersburg. Es war die Zeit zunehmender politischer Spannungen im südöstlichen Europa, der Vorabend der Balkankriege 1912/13. Diese Zusammenkünfte wurden überschattet von gegensätzlichen politischen Positionen, sprachlichen und kulturellen sowie religiös-konfessionellen Kontroversen.

Mitten im Zweiten Weltkrieg wurde 1942 in Moskau ein Slawenkongress, formell unter dem Vorsitz von Josip Broz Tito, tatsächlich unter der Regie von Stalin, der kein Slawe, sondern ein Georgier war, veranstaltet. Er, wie auch der Georgier Berija, verachtete die Slawen und sprach zeitlebens schlecht Russisch. Diese Veranstaltung war Bestandteil der politischen, propagandistischen Manöver Stalins während des Krieges, zu denen die formale Wiederherstellung des Patriarchats der orthodoxen Kirche, die Auflösung der Komintern und die Zulassung eines Jüdischen Komitees 1943 gehörten. Dieses Komitee wurde nach 1948 im Zuge einer antijüdischen Kampagne abgeschafft.

Nach dem Ende des Krieges inszenierte Tito in Belgrad 1946 einen Slawenkongress; es war gewissermaßen ein erstes Zeichen seiner Lösung von und seiner Gegnerschaft zu Stalin sowie seines Anspruchs auf eine Führungsrolle in der (süd)slawischen Welt, die er später auf die Bewegungen und Institutionen der sogenannten „Blockfreien" übertrug.

In den USA fanden nach dem Ersten Weltkrieg weitere Zusammenkünfte slawischer Emigranten statt: 1915 und 1918, auf denen die Ansprüche der Serben und Kroaten sowie die der Tschechen und Slowaken auf eine eigene Staatlichkeit behandelt wurden, 1944 ging es um die Befreiung und Wiederherstellung der von Hitlerdeutschland unterworfenen Völker und Staaten, allerdings nach 1945 schon unter dem Eindruck der geopolitischen Ansprüche Stalins, wie er sie bereits gegenüber Churchill in der dubiosen %-Rechnung vom Oktober 1944 formuliert hatte.
Aus den Initiativen der Emigranten gingen nach dem Ende des Zweiten Weltkrieges die Tschechoslowakische Republik und der zunächst so genannte SHS-Staat der Serben, Kroaten und Slowenen, das spätere Königreich Jugoslawien hervor.

Versuche, 1998 in Prag, 2001 in Moskau und 2005 in Minsk erneut wieder sogenannte Slawenkongresse zu veranstalten, blieben ohne bemerkenswerte Ergebnisse und nachhaltige Wirkungen. Die Bezeichnungen und Dokumentationen dieser Zusammenkünfte verdeutlichen ihre Bedeutungslosigkeit. In der Gegenwart gibt es in einigen Ländern mit Bevölkerungen mehrheitlich slawischer Herkunft, Sprachen und Literaturen, Kulturen und Lebensweisen, wenn auch nur marginal und sporadisch einige Bestrebungen, eine Art Slawentum zu vertreten oder zu beanspruchen, jedoch weder politisch noch kulturell Bewegungen, die man als pan-slawisch ansehen oder bezeichnen kann. Versuche, in den ersten Jahren des Bestehens der

Russländischen Föderation nach 1990 dies durch Rückgriffe oder Wiederbelebungen anderer quasi- und pseudo-theoretischer oder ideologischer Relikte zu kompensieren, erwiesen sich als obsolet. Jedoch sind in einigen Ländern Ostmittel- und Südosteuropas, auch in solchen, die ethnisch und kulturell wie Ungarn nicht slawisch geprägt sind, politische Bewegungen entstanden, die sich zwar nicht pan- oder pro-slawisch, sondern nationalistisch verhalten.

Die thematischen Bezeichnungen und Zählungen der Slawenkongresse nach dem Zweiten Weltkrieg sind nicht einheitlich. Es existieren unterschiedliche Beschreibungen der Anliegen und Inhalte, der Orte und Veranstalter. Die Bezeichnungen und Zählungen sind also nur bis zum Ersten Weltkrieg übereinstimmend.

Kommentiertes Personenregister

Die Bände der WEEO 20.1 bis 20.3 enthalten ausführliche Personenregister zu Themenkreisen, die nun hier um gesonderte Darstellungen zum Panslawismus erweitert behandelt werden. Es wurden nur Personen aufgenommen, die für diesen Themenkreis eine direkte Bedeutung haben. Bei einigen werden die biografischen durch bibliografische Hinweise (kursiv) ergänzt. Es sind Schriften oder Werke, die für Darstellungen des Wirkens dieser Personen in Hinsicht auf die Themen des Bandes wichtig sind. Die Hinweise wurden nach Tornow: Was ist Osteuropa? ..., a. a. O. gestaltet.

Aksakov, Konstantin Sergeevič (1817–1860); aus einem alten Adelsgeschlecht; Slawophiler; Historiker, Sprachphilosoph; vor Haxthausen und Herzen Entdecker des *mir* als besonderer sozialer und wirtschaftlicher Form des Zusammenlebens der russischen Landbevölkerung.

Anton, Karl Gottlob von (1751–1818); zur Biografie ausführlich im Vorwort von P. Nedo im ersten Band, S. VII–XXXV; *Erste Linien eines Versuchs über der Alten Slawen Ursprung, Sitten, Gebräuche, Meinungen und Kenntnisse*, 1. Teil, 2. Teil; Leipzig 1783, 1789. (Nachdruck Bautzen 1976/1987).

Bernolák, Antonín (1762–1813); Slowake, katholischer Priester; Begründer des Slowakischen als Schriftsprache mit der *Grammatica slavica* und einem fünfsprachigen Wörterbuch *Slovár slovenski...*; 6 Bde., Budapest 1815–1827.

Bleiweis, Janez (1808–1881); Tierarzt; slowenischer Publizist, „Vater der Nation" genannt.

Boué, Ami (1794–1881); Wahlösterreicher französischer Herkunft; Universalgelehrter; Hauptwerk: *La Turquie d'Europe*, 4 Bde.; Paris 1840; *Die Europäische Türkei*, 4(2) Bde. Wien 1889; 4(2) Bde.; 2 Bde., Melle 2004.

Büsching, Anton Friedrich (1724–1793); Begründer der deutschen politischen Geografie, erdkundliche Grundlagenwerke, prägte maßgeblich das Russland-Bild seiner Zeit.

Čaádáev, Petr Jakovlevič (1794–1856); Gardeoffizier, Freimaurer, Publizist; schärfster Kritiker der sozialen und kulturellen Rückständigkeit Russlands in *Lettres philosophiques adressés à une dame* (1829–1831); wurde für verrückt erklärt, verbannt, unter Aufsicht gestellt.

Czartoryski, Adam (1770–1861); polnischer Fürst, Graf, Politiker, Publizist.

Cieszkowski, August (1814–1894); polnischer Graf, Philosoph.

Chomjakóv, Aleksej Stepanovič (1804–1860); aus einem alten russischen Adelsgeschlecht; studierte in Moskau Theologie, Philosophie, Mathematik; Reisen in Europa; begründete die messianisch-orthodoxe Führungsrolle Russlands in der slawischen Welt, die Ideologie und Philosophie des *sobórnost*, beschäftigte sich bereits vor Haxthausen und anderen mit der russischen ländlichen Produktions- und Lebensweise des *mir*.

Danilevskij, Nikolaj Jakovlevič (1822–1885); Biologe, Land-/Volkswirtschaftsfachmann, Publizist, Geschichtsschreiber; sein Hauptwerk *Rußland und Europa* (ursprünglich *Rußland und Westeuropa*) wurde als „grüne Bibel des Panslawismus" bekannt.

Dobrovský, Josef (1753–1829); tschechischer Gelehrter, Historiograf, Abbé SJ (bis zur Auflösung des Ordens); herausragende Persönlichkeit der tschechischen Aufklärung, der Sprache und Literatur, einer der Begründer der Slawistik.

Dostoévskij, Fëdor Michailovič (1821–1881); bedeutender russischer Schriftsteller, schrieb mehrere „Jahrhundertromane", näherte sich nach Todesurteil, Begnadigung, Verbannung den Slawophilen an.

Gaj, L'udevit (1809–1872); mit Graf Janko Drašković (1770–1862) einer der Begründer des kroatischen Illyrismus, einer ethnisch-geografisch und zeitlich begrenzten Erscheinungsform des Austroslawismus; veröffentlichte Sprachstudien zur kroatisch-slawischen Orthografie, gab kroatische Zeitungen und populäre Schriften heraus; Gajs „Illyrismus" war ethnisch und sprachlich-kulturell, kaum politisch begründet.

Haxthausen, August Freiherr von (1792–1866); westfälischer Baron, Landwirtschaftsexperte, Russland-Studien; Einflüsse auf deutsches Russland-Bild zweite Hälfte 19. Jahrhundert. Einer der „Entdecker" des *mir*.

Herberstein, Si(e)gmund Freiherr von (1486–1566); habsburgischer Spitzendiplomat unter den Kaisern Maximilian I., Karl V., Ferdinand I.; annähernd 70 diplomatische Missionen; davon zwei zum Moskauer Großfürsten Vasili III.; daraus Reisebericht *Rerum Moscoviticarum Commentarii* (*Moscovia*) in zahlreichen europäischen Ausgaben (Übersetzungen), Begründer der europäischen Russland-Kunde und der Diplomatie als Beruf.

Herder, Johann Gottfried (1744–1803); bedeutender deutscher Philosoph, Geschichtsschreiber im Übergang von der Aufklärung, der Klassik zum Sturm und Drang in Weimar; erzeugte mit dem „Slawenkapitel" seines Hauptwerkes die sogenannte „Slawenbegeisterung".

Herkel, Ján (1785–1853); slowakischer Advokat in Pest; gehörte zur Bernolák-Gruppe; verwendete erstmals den Ausdruck Panslawismus in einer Grammatik *Elementa universalis linguae slavicae ... Unio in litteratura inter omnes Slavos, sive verus Panslavismus* (Ofen 1826), verfasste den Entwurf eines slawischen Esperanto; verstand den Begriff „Panslawismus" nur sprachlich-literarisch.

Herzen (Gercen), Alexander (1812–1870); hervorragender russischer Schriftsteller, Publizist.

Hoene-Wroński, Józef Maria (1788–1853); polnischer Mathematiker, Philosoph, Anhänger der Ideologie des „polnischen Messianismus".

Isidor von Sevilla (ca. 500–636); Bischof, Geschichtsschreiber, mit der *Historia Gothorum* nach Jordanes wahrscheinlich erste Erwähnung der später als Slawen („slavi") bezeichneten Völkerschaften im griechisch-römischen Einfluss- und Herrschaftsbereich.

Jagić, Vatroslav (1838–1923); bedeutender kroatischer Slawist; Mitbegründer der Südslawischen Akademie der Wissenschaften und Künste in Agram.

Jordanes (1. Hälfte 6. Jh. n. Chr.); griechischer Geschichtsschreiber; in *De origine actibusque Getarum* erscheinen die Goten (Geten) in byzantinischen Darstellungen erstmals mit Vermutungen ihrer möglichen skandinavische Herkunft.

Karadžić, Vuk Stefanović (1787–1864); Ethno-/Historiograf, Sprachwissenschaftler; mit anderen Begründer der serbischen (Literatur)Sprache; Übersetzungen ins Serbische; gilt als sprachlich-kultureller „Begründer" des Serbentums *Srbi svi i svuda* (Wien 1836/1849); befreundet mit Kopitar; *Pismenica serbskoga jezika* (Wien, 1814), international gewürdigt. 1824 von J. Grimm ins Deutsche übersetzt; übertrug den Code Civil und das Neue Testament ins Serbische; Verbindungen mit Goethe, Talvj (Therese Albertine Luise von Jacob) und anderen bedeutenden Zeitgenossen.

Kiréevskij, Ivan (1806–1856); Publizist; einer der führenden Slawo-/Russophilen besonders in kirchlich-religiösen Fragen (Bedeutung der Orthodoxie); beschrieb die Kontroverse zwischen russischer und „westlicher", europäischer Kultur und die historische Mission der russischen.

Kollár, Ján (1793–1852); bedeutender slowakischer Sprachwissenschaftler in Wien, studierte in Jena; verfasste für die Zeitschrift *Hronka* die grundlegende, programmatische Studie *Über die literarische Wechselseitigkeit zwischen den verschiedenen Stämmen und Mundarten der slavischen Nation*, Neusohl/ Banská Bystrica 1836; Pesth 1837; Zeitgenosse Kopitars.

Kopitar, Jernej (Bartholomäus) (1780–1844); hervorragender slowenischer Slawist; grundlegende Studien und Werke zu südslawischen Sprachen und Literaturen; Kustos der Kaiserlichen Bibliothek in Wien; schlug vor, Wien zur „Hauptstadt der Slawität" zu machen sowie einen Lehrstuhl des Kirchenslawischen einzurichten und eine slawische Akademie zu gründen. *Adresse der künftigen slavischen Akademie, Patriotische Phantasien eines Slaven* (1815); warb für die Vereinigung der katholischen, slawischen Völker Österreichs gegen den Widerstand der katholischen Polen, der orthodoxen Serben und der mehrheitlich protestantischen Tschechen.

Krasiński, Zygmunt (1812–1859); polnischer Schriftsteller.

Križanić, Juraj (1617/18–1683); kroatischer Geistlicher, SJ; Studium der Philosophie, Theologie, Jurisprudenz in Graz und Bologna; 1647 und 1659 Missions-Reisen nach Moskau, 1661 Verbannung in Sibirien, dort entstand die Schrift *Politika (Politika ili razgovor ob vladaltelst'vu*, 1663–1666); 1676 begnadigt, 1677 in Wilna Dominikaner, mit der polnischen Armee unter Jan III. Sobieski vor Wien 1683 bei Kämpfen umgekommen; gilt als „zweiter Panslawist" nach Orbini; warb für die Einheit der Religion, Sprache und Staatlichkeit der Slawen unter russischer Führung; verwendete eine von ihm geschaffene Sprache in lateinischer Schrift mit eigener Grammatik und Zusatzzeichen aus kirchenslawischen, russischen und kroatischen Elementen; Erstdruck seiner Schriften 1848–1860 in Moskau.

Kromer, Martin (ca. 1512–1589); ermländischer Bischof; mit *De origine et rebus gestis Polonorum libri XXX* (1555) Begründer der „Sarmaten"-Theorie zur Herkunft der Slawen; der sogenannte „Sarmatismus" war bis ins 20. Jahrhundert Bestandteil des polnischen Geschichts-, Nations- und Staatsbewusstseins.

Kunik, Ernst Eduard (1814–1899); österreichischer Historiker; Forschungen zur Geschichte, Kultur und Sprachen der Balkanvölker, speziell zum Illyrismus Ljudevit Gajs.

Lelewel, Joachim (Łelewel, Ignacy) (1786–1861); Mitglied des polnischen Parlaments und der Nationalregierung; einer der Führer des polnischen November-Aufstandes 1830/31; polnischer Geo- und Historiograf; Professor in Warschau und Wilna; Begründer der kritischen polnischen Geschichtsschreibung im 19. Jahrhundert (*Polska, Polonia*, 20 Bde., davon 18 Bde. erschienen, 1858–1864, zahlreiche Schriften zur polnischen Geschichte); Emigration in Belgien und Frankreich.

Linhart, Anton Tomaš (1756–1795); *Versuch einer Geschichte von Krain und der übrigen südlichen Slaven Österreichs*, Bd. 1, Laibach 1788; Klagenfurt u. a. 2001; *Versuch einer Geschichte von Krain und den übrigen Ländern der südlichen Slaven Österreichs*, Bd. 2, Nürnberg 1796; Klagenfurt u. a. 2001 (= Handbibliothek der WEEO, Wiener Bestände, Bde. 1 und 2); Linhart gehörte der wieder gegründeten Laibacher Akademie und dem Kreis um den Baron Zois an; sein Werk ist das bedeutendste der slowenischen Aufklärung und Wiedergeburt, es ist antiklerikal und -feudal, für die Habsburger-Monarchie und kann als frühes Zeugnis des Austroslawismus angesehen werden.

Mickiewicz, Adam (1798–1855); bedeutender polnischer Dichter, Gelehrter, Publizist, Emigration.

Miklosich, Franz Xaver Ritter von; slow. Miklošić, Fran (1813–1891); bedeutender slowenischer Gelehrter, Slawist in Wien, Lehrstuhlinhaber, Mitglied des österreichischen Herrenhauses; *Vergleichende Grammatik der slavischen Sprachen*, vier Bde., Wien 1852 ff., *Lexicon palaeoslovenico-graeco-latinum* (Wien 1862–1865), *Etymologisches Wörterbuch der slavischen Sprachen* (Wien 1886).

Müller, Gerhard Friedrich (1708–1783); wie Schlözer russischer Professor und kaiserlich-russischer Hofhistoriograf; vor Schlözer erste deutsche Darstellung der Geschichte Russlands in neun Bänden 1733–1764.

Orbini, Mavro (Mauro) (etwa um 1550 oder 1563–1611/1614); dalmatinischer Benediktinermönch in Ragusa/Dubrovnik; Abt, Geschichtsschreiber, verfasste Jahrhunderte nach den griechischen Historiografen Jordanes, Isidor von Sevilla und anderen die erste Geschichte der Slawen *Il regno degli Slavi*, ital., Pesaro 1601, nach einer Übersetzung der kroatischen Chronik *Ljetopis popa Dukljanina* (12. Jh.); Verherrlichung der legendären Geschichte der Slawen; Orbinis Werk wurde auf Anordnung Zar Peters I. ins Russische übersetzt (1722, St. Petersburg).

Palacký, František (1798–1876); tschechischer Gelehrter, Politiker; forderte die Umwandlung Österreichs in eine „slawische Monarchie" gegen panrussische und -germanische Ansprüche; bemühte sich zeitlebens um einen Ausgleich zwischen habsburgisch-österreichischen und böhmisch-mährischen Ansprüchen, Interessen und Standpunkten; genoss bei Austroslawisten als Politiker und Wissenschaftler hohes Ansehen.

Preradović, Petar (1818–1872); General, kroatischer Lyriker *Prvi ljudi* (Die ersten Menschen, 1862); Anhänger des Illyrismus.

Prokopios von Kaisareia (490/507 bis ca. 562); hervorragender byzantinischer, justinianischer Geschichtsschreiber (*Bella, Anekdota, Aedificia*) über Vandalen-, Ostgoten-, Perserkriege und Völkerschaften (erste Bezeichnung für Goten, später Slawen?) im byzantinischen Reich.

Pogodin, Michail Petrovič (1800–1875); panrussisch/-slawistischer Gelehrter.

Rückert, Heinrich (1823–1875); Historiker, Geschichtsmethodiker/-philosoph in Leipzig.

Schlözer, August Ludwig (von) (1735–1809); hervorragender Gelehrter in Göttingen, nach Müller ein Begründer der deutschen Geschichtsschreibung über Russland.

Šafařík, Jozef Pavel (1795–1861); Slowake; Studium in Jena 1815–1817; *Geschichte der slavischen Sprache und Literatur nach allen Mundarten*, dt. Ofen 1826; *Slavische Altertümer*, tschech. Prag 1837.

Słowacki, Juliusz (1812–1859); polnischer Schriftsteller.

Solov'ev, Sergej Michailovič (1820–1879); bedeutender russischer Historiker; Geschichte Russlands, 29 Bände zwischen 1851 und 1879; Vater des Philosophen Valdimir M. Solov'ev.

Solov'ev, Vladimir M. (1853–1879); russischer Philosoph; kompilierte verschiedene, teilweise nicht vergleichbare, einander widersprechende philosophische Quellen; wechselnde Positionen zwischen russischem Panslawismus und „Gottmenschentum"; Kritiker Danilevskijs.

Staszic, Stanisław (1755–1826); polnischer katholischer Priester, Publizist.

Strossmayer, Josip Juraj (1815–1905); kroatischer katholischer Bischof von Đjakovo, Bosnien und Syrmien; bis zu seinem Tode apostolischer Administrator von Serbien; wirkte auf dem I. Vaticanum gegen das Unfehlbarkeitsdogma, für südslawische (kroatische) nationale, sprachliche, kulturelle und religiöskirchliche Angelegenheiten, war Mitbegründer der Südslawischen Akademie der Wissenschaften und Künste, Agram; wollte die Stadt zur Kulturhauptstadt aller Südslawen machen; versuchte 1877 Vermittlungen zwischen der katholischen und orthodoxen Kirche, zwischen den rivalisierenden serbischen Gruppen (Garašanin); Wahlspruch „Sve za vjeru i domovinu" (Alles für den Glauben und die Heimat).

Štúr, Ľudovít (1815–1856); programmatische Begründung (politische und kulturelle) und Vorschläge zur Schaffung einer „slovakischen Nation": territoriale Festlegung des Gebietes, Schaffung eines Landtages, einer Nationalflagge und -garde, allgemeines Wahlrecht, Vertretung im Reichstag, amtlicher (offizieller) Gebrauch der Muttersprache, Föderalisierung der Monarchie, Beseitigung der ungarischen rechtlichen, politischen Dominanz über die Slowaken.

Tjutčev, Fedor Ivanovič (1803–1871); russischer Dichter, Diplomat, Publizist.

Trentowski, Bronisław (1808–1869); polnischer Philosoph, Professor in Krakau.

Towiański; Andrzej (1799–1878); polnischer Schriftsteller.

Auswahlbibliografie

Die Bände 20.1 bis 20.3 der WEEO enthalten zu den jeweiligen Themen umfangreiche Bibliografien mit mehreren Hundert Angaben. Deshalb werden hier nur Titel aufgenommen, in denen die genannten regionalen Erscheinungsformen des Panslawismus und sein Umfeld behandelt werden.

Abkürzungen:
SFOD = Studien der Forschungsstelle Ostmitteleuropa an der Universität Dortmund
WEEO = Wieser Enzyklopädie des europäischen Ostens

Anderson, B.: Die Erfindung der Nation. Zur Karriere eines folgenreichen Konzepts; Frankfurt a. M./New York 1988.
Auswahlbibliografie Polen; WEEO. Bd. 20.1, Klagenfurt/Celovec 2016, S. 195/196.

Behschnitt, W.: Nationalismus bei Serben und Kroaten 1830–1914. Analyse und Typologie der nationalen Ideologie; München 1980.
Bérenger, J.: Die Geschichte des Habsburgerreiches 1273–1918; Wien/Köln/Weimar 1995.
Bernath, M. (Hg.): Biographisches Lexikon zur Geschichte Südosteuropas, 4 Bde.; München 1974–1984.
Bockholt, V.: Sprachmaterialkonzeptionen und ihre Realisierung in der kroatischen und serbischen Lexikographie; Essen 1990.
Böss, O.: Die Lehre der Eurasier. Ein Beitrag zur russischen Ideengeschichte des 20. Jahrhunderts; München 1963.
Ders.: Rußland-Chronik; Salzburg 1986.

Castellan, G.: Gott schütze Polen! Geschichte des polnischen Katholizismus 1795–1982; Freiburg/Heidelberg 1983.
Clewing, K.; Schmitt, O. J. (Hg.): Geschichte Südosteuropas. Vom frühen Mittelalter bis zur Gegenwart; Regensburg 2011. (Mit einer umfangreichen Bibliografie, S. 801–807.)

Dahm, H.: Grundzüge russischen Denkens. Persönlichkeiten und Zeugnisse des 19. und 20. Jahrhunderts; München 1979.
Danilewsky, N. J.: Rußland und Europa. Eine Untersuchung über die kulturellen und politischen Beziehungen der slawischen zur germanisch-romanischen Welt; hg. v. K. Nötzel, Stuttgart/Berlin 1920; Neudruck der Ausgabe 1920, Osnabrück 1965.
Deckert, E.: Panlatinismus, Panslawismus und Panteutonismus in ihrer Bedeutung für die geopolitische Weltlage; Frankfurt a. M. 1914.
Drews, P.: Herder und die Slaven; München 1990.

Fadner, F.: Seventy years of panslavism in Russia. From Karamzin to Danilevskij 1800–1870; Washington/Haarlem 1962.
Ferenczi, C.: Nationalismus und Neoslawismus in Rußland vor dem Ersten Weltkrieg (= Osteuropa-Institut der FU Berlin, Forschungen zur osteuropäischen Geschichte, Bd. 34); Berlin/Wiesbaden 1984.
Fischel, Alfred: Der Panslawismus bis zum Weltkrieg. Ein geschichtlicher Überblick; Stuttgart u. a. 1919.

Geier, W.: Zeitbrüche im Osten. Ansätze vergleichender sozial- und kulturwissenschaftlicher Forschungen; Wiesbaden 1995. Ders.: Rußland und Europa. Skizzen zu einem schwierigen Verhältnis (= SFOD, Bd. 20); Wiesbaden 1996. Ders.: Östlich des 15. Längengrades. Essays zur Geschichte Ostmittel-, Ost- und Südosteuropas (= WEEO, Bd. 20.1); Klagenfurt/Celovec 2016. Ders.: Europäer und Russen. Wahrnehmungen aus einem Jahrtausend (= WEEO, Bd. 20.2); Klagenfurt/Celovec 2018. Ders.: Südosteuropa. Kulturhistorische Skizzen (= WEEO, Bd. 20.3); Klagenfurt/Celovec 2019.

Geissler, G. (Hg.): Europäische Dokumente aus fünf Jahrhunderten; Leipzig 1939.
Goehrke, C.: Frühzeit des Ostslaventums, Darmstadt 1992.
Golczewski, F.; Pickhan, G.: Russischer Nationalismus. Die russische Idee im 19. und 20. Jahrhundert; Göttingen 1998.
Groh, D.: Rußland und das Selbstverständnis Europas. Ein Beitrag zur europäischen Geistesgeschichte; Neuwied 1961.

Hannick, Ch. (Hg.): Sprachen und Nationen im Balkanraum; Köln/Wien 1987.
Haarmann, H.: Soziologie und Politik der Sprachen Europas; München 1975. Ders.: Die Sprachenwelt Europas; Frankfurt/M. 1993.
Harvest, H. (Hg.): Maßloses Rußland. Selbstbezichtigungen und Bezichtigungen. Russisches Leben; Zürich 1949.
Hinrichs, U.; Kahl, T.; Himstedt-Vaid, P. (Hg.): Handbuch Balkan. Studienausgabe (= Slavistische Studienbücher, Neue Folge, hg. v. H. Jachnow u. M. Lecke, Bd. 24); Wiesbaden 2014.
Herkel, J.: Elementa universalis linguae Slavicae et vivis dialectis eruta et suis logicae principiis suffulta; Budha 1826.
Hobsbawm, E.: Nations and Nationalism since 1780. Programme, Myth, Reality; Cambridge and other 1990.
Hösch, E.: Geschichte der Balkanländer; München 1993.
Hösch, E.; Nehring. K.; Sundhaussen, H. (Hg.): Lexikon zur Geschichte Südosteuropas; Wien/Köln/Weimar 2004.
Hroch, M.: Die Vorkämpfer der nationalen Bewegung bei den kleinen Völkern Europas. Eine vergleichende Analyse zur gesellschaftlichen Schichtung der patriotischen Gruppen. Praha 1968. Ders.: Das Erwachen kleiner Nationen als Problem der komparativen sozialgeschichtlichen Forschung. In: Winkler, H. A. (Hg.): Nationalismus. Königstein/Ts. 1978, S. 155–172.

Jakubec, J., Novák, A.: Geschichte der čechischen Litteratur; Leipzig 1913.

Kleine Slavische Biographie (KSB); Wiesbaden 1958.
Kohn, Hans: Die Slawen und der Westen. Die Geschichte des Panslawismus; Wien/Berlin/München 1956. Ders.: Die Idee des Nationalismus; Frankfurt/M. 1962.
Kollár, J.: Über die literarische Wechselseitigkeit zwischen den verschiedenen Stämmen und Mundarten der Slawischen Nation; Pesth 1837.
Križanič, J.: Politika; (kroat.) Zagreb 1997.

Masaryk, Tomáš Garrigue: Das Problem der kleinen Völker in der europäischen Krise; Prag 1922. Ders.: Das neue Europa. Der slawische Standpunkt (Berlin 1922); Berlin 1991.
Milojkovic-Djuric, J.: Panslavism and national identity in Russia and the Balkans 1830–1880; New York 1994.
Moritsch, A. (Hg.): Der Austroslawismus. Ein verfrühtes Konzept zur politischen Neugestaltung Mitteleuropas; Wien u. a. 1996.

Lehmann, H. u. S. (Hg.): Das Nationalitätenproblem in Österreich 1848–1918; Göttingen 1973.
Lemberg, Eugen: Wege und Wandlungen des Nationalbewußtseins; Münster 1954. Ders.: Geschichte des Nationalismus in Europa; Linz 1950.

Moritsch. A. (Hg.): Der Prager Slavenkongress 1848 (= Reihe des Instituts für den Donauraum und Mitteleuropa, Bd. 7); Köln/Wien/Weimar, Wien 2000.
Münkler, H.; Grünberger, H.; Mayer, K.: Nationenbildung; Berlin 1998.

Nötzel, Karl: Der entlarvte Panslawismus und die große Aussöhnung der Slawen und Germanen; München-Leipzig 1914. Ders.: Die Grundlagen des geistigen Rußlands. Versuch einer Psychologie des russischen Geisteslebens; Hildesheim-New York 1970.

Petrovich, M. B.. The emergence of Russian panslavism 1856–1870; New York 1956.
Pogačnik, J.: Bartholomäus Kopitar. Leben und Werk; München 1978.
Popović, I.: Geschichte der serbokroatischen Sprache; Wiesbaden 1960.

Rehder, P.: Das neue Osteuropa von A–Z; München 1991.
Reiter, N. (Hg.): Nationalbewegungen auf dem Balkan; Berlin 1983.
Richter, L.; Olschowsky, H. (Hg.): Literaturen Ost- und Südosteuropas (BI-Lexikon); Leipzig 1990.

Schaeder, H.: Der Mensch in Orient und Okzident. Grundzüge einer eurasischen Geschichte; München 1960.
Schelting, A. v.: Rußland und Europa im russischen Geschichtsdenken. Auf der Suche nach der historischen Identität (Bern 1948); Ostfildern vor Stuttgart 1997.
Šafařík, J. P.: Geschichte der slavischen Sprache und Literatur nach allen Mundarten; dt. Ofen 1826. Ders.: Slavische Altertümer, tschech. Prag 1837.
Stadtmüller, G.: Geschichte Südosteuropas; München 1950.
Stählin, K.: Die Entstehung des Panslawismus; Berlin 1936. Ders.: Die Geschichte Rußlands von den Anfängen bis zur Gegenwart, 5 Bde.; Graz 1961.
Sundhaussen, H.: Nationsbildung und Nationalismus im Donau-Balkan-Raum (= Forschungen zur osteuropäischen Geschichte. Osteuropa-Institut der Freien Universität Berlin. Historische Veröffentlichungen, Hg. v. H.-J. Torke, Bd. 48); Berlin 1993. (Der Beitrag enthält eine „Auswahlbibliographie zur Nationsbildung in Südosteuropa", S. 254–258). Ders.: Der Einfluß der Herderschen Ideen auf den Nationsbildungsprozeß bei den Völkern der Habsburger Monarchie; München 1973.
Scücs: J.: Nation und Geschichte. Studien; Budapest 1981.

Timmermann, H. (Hg.): Die Entstehung der Nationalbewegung in Europa 1750–1849; Berlin 1993.
Tjutschew, F.: Rußland und der Westen; Berlin 1992.
Trautmann, R.: Die slavischen Völker und ihre Sprachen. Eine Einführung in die Slavistik; Göttingen 1947, Leipzig 1948.
Torke, H.: Forschungen zur osteuropäischen Geschichte; Wiesbaden/Berlin 1984.
Tornow, S.: Was ist Osteuropa? Handbuch der osteuropäischen Text- und Sozialgeschichte von der Spätantike bis zum Nationalstaat (= Slavistische Studienbücher. Neue Folge, hg. v. H. Günther u. H. Jachnow, Bd. 16); Wiesbaden 2005. (6.1.4 Die slavische Nation, S. 411–428); 2. überarbeitete Auflage, Wiesbaden 2011.

Weithmann, M.: Der ruhelose Balkan. Die Konfliktregionen Südosteuropas; München 1993. Ders.: Balkan-Chronik. 2000 Jahre zwischen Orient und Okzident; Regensburg 1995.
Winkler, H. A. (Hg.): Nationalismus; Königstein/Ts. 1978.
Winter, E.: Der Panslawismus nach den Berichten der österreichisch-ungarischen Botschafter in St. Petersburg, Prag 1944.

Zaremba, M.: Johann Gottfried Herder. Prediger der Humanität; Köln 2002.

DIE
WIESER
ENZYKLOPÄDIE
DES EUROPÄISCHEN
OSTENS

Unser Dank für das Zustandekommen
der WIESER ENZYKLOPÄDIE DES EUROPÄISCHEN OSTENS
gilt insbesondere den hier angeführten Personen:

Ardian Ahmedaja (Wien)
Stephan Albrecht (Mainz)
Aglaia Alexiou-Puljer (München)
Petar Atanasov (Skopje)
Alexander Avenarius (Bratislava †)
Josette Baer (Zürich)
Eli Bar-Chen (München)
Wolfgang Bergmann (Wien †)
Carl Bethke (Berlin)
Robert Bideleux (Swansea)
Feliks J. Bister (Wien)
Silvia Bohrn (Wien)
Norbert Boretzky (Bochum)
Elisabeth Brandstötter (Wien)
Sebastian Brather (Frankfurt/Main)
Thomas Bremer (Münster)
Walter Breu (Konstanz)
Ulrich Burger (Cluj-Napoca)
Erhard Busek (Wien)
Ekrem Čaušević (Zagreb)
Stefana-Oana Ciortea-Neamtiu (Timişoara)
Nathalie Clayer (Paris)
Péter Csorba (Debrecen)
Hienadź Cychun (Minsk)
Bardhyl Demiraj (München)
Bernhard Denscher (Wien)
Dejan Dimitrov (Veliko Tărnovo)
Christian Domenig (Klagenfurt/Celovec)
Alexander Drace-Francis (London)
Aleksandr Duličenko (Tartu)
Ivan Duridanov (Sofia)
Antony Eastmond (Warwick)
Markus Eberharter (Leipzig)
Mercedes Echerer (Brüssel)
Rainer Eckert (Berlin)
Hubert Christian Ehalt (Wien)
Caspar Einem (Wien)
Wolfgang Eismann (Graz)
Andrea Fiedermutz (Jerusalem)
Goran Filipi (Pula)
Franz Fischler (Brüssel)
Alexandra Föderl-Schmid (Wien)
Susi K. Frank (Konstanz)
Mark A. Gabinskij (Chişinău)
Susan Gal (Chicago)
Timothy Garton Ash (Oxford)
Wolfgang Geier (Leipzig)
Christian Giordano (Fribourg)
Anneliese Gladrow (Berlin)

Ulrike Goldschweer (Bochum)
Albert Goldstein (Zagreb)
Vesna Goldsworthy (Kingston/UK)
Árpád Göncz (Budapest)
Dagmar Gramshammer-Hohl (Graz)
Igor Grdina (Ljubljana)
Jiří Gruša (Wien/Prag †)
Boris Groys (Karlsruhe)
Karl Gutschmidt (Dresden)
Harald Haarmann (Helsinki)
Mariana Hausleitner (Berlin)
János Hauszmann (Köln)
Václav Havel (Prag †)
Heidi Hein (Wien)
Maximilian Hendler (Graz)
Gerd Hentschel (Oldenburg)
Anke Heynoldt (Wien)
Tamás Hoffmann (Budapest)
Rolf Holub (Klagenfurt/Celovec)
Georg Holzer (Wien)
Franz Horváth (Heidelberg)
Günther Hödl (Klagenfurt/Celovec †)
Herwig Hösele (Graz)
Eva-Maria Hüttl-Hubert (Wien)
Maria Iliescu (Innsbruck)
Valeria Jäger (Wien †)
Aleksandar Jakir (Marburg)
Miranda Jakiša (Konstanz)
Tomasz Jurek (Poznań)
Predrag Jureković (Wien)
Tede Kahl (Wien)
Matthias Kappler (Frankfurt)
Christos Karvounis (München)
Karl Kaser (Graz)
Sabine Kienzer (Wien)
Monika Kircher-Kohl (Villach/Beljak)
Gail Kligman (Los Angeles)
Raoul Kneucker (Wien)
Christine von Kohl (Wien †)
Paula Kokkonen (Syktyvkar)
Jukka Korpela (Joensuu)
August Kovačec (Zagreb)
Kardinal Franz König (Wien †)
Alexander Kratochvil (Greifswald)
Gerald Krenn (Klagenfurt/Celovec)
Anna Kretschmer (Bielefeld)
Teodora Krumova (Veliko Tărnovo)
Milan Kučan (Ljubljana)
András Kubinyi (Budapest †)

Michael Kuhn (Wien/Brüssel)
Hansjörg Küster (Hannover)
Ferdinand Lacina (Wien)
Erich Landsteiner (Wien)
Jozsef Laszlovszky (Budapest)
Lech Leciejewicz ((Wrocław †)
Tadeusz Lewaszkiewicz (Poznań)
Bernhard Lewis (Princeton)
Mijo Lončarić (Zagreb)
Christian Lübke (Greifswald)
Władysław Lubaś (Opole)
Dieter Ludwig (Hamburg)
Peter M. Hill (Hamburg)
Peter Mahringer (Wien †)
Barbara Maier (Klagenfurt/Celovec)
Andreas Mailath-Pokorny (Wien)
Martin Malek (Wien)
Boris Marte (Wien)
Lisa Mayerhofer (München)
Aleksej Miller (Moskau)
Ilgvars Misāns (Riga)
Claudia Mischensky (Klagenfurt/Celovec)
Marie-Elisabeth Mitsou (München)
Jerzy Molas (Warschau)
Ulrich Morgenstern (Hamburg)
Žarko Muljačić (Zagreb †)
Gerd-Dieter Nehring (Berlin)
Iver B. Neumann (Oslo)
Gerhard Neweklowsky (Wien)
Muhamed Nezirović (Sarajevo)
Susanne Nies (Berlin)
Miloš Okuka (Władysław Lubaś)
György Papp (Novi Sad)
Reinhard Peterhoff (Marburg)
Hans Petschar (Wien)
Robert Pichler (Graz)
Christian Pippan (Graz)
Jan M. Piskorski (Szczecin)
Walter Pohl (Wien)
Josef Pröll (St. Pölten)
Christian Promitzer (Graz)
Alexander Proskurjakov (Felben-Wellhausen)
Roland Prügel (Freiburg im Breisgau)
Axel Reetz (Riga)
Peter Rehder (München)
Barbara Rosenberg (Wien)
Rainer Rosenberg (Wien)
Walter Rothensteiner (Wien)
Dimitrij Rupel (Ljubljana)

Ewa Rzetelska-Feleszko (Warschau †)
Sirkka Saarinen (Turku)
Irina Sandomirskaja (Moskau/Stockholm)
Oksana Sarkosiva (Moskau)
Winfried Schich (Berlin)
Ingrid Schellbach-Kopra (München)
Eberhard Schneider (Berlin)
Renata Šoštarić (Zagreb)
Gabriella Schubert (Jena)
Wolfgang Schulze (München)
Karl Fürst zu Schwarzenberg (Prag/Wien)
Ulrich Schweier (München)
Elmar Seebold (München)
Björn Seidel-Dreffke (Potsdam)
Iztok Simoniti (Ljubljana)
Jožef Školč (Ljubljana)
Dušan Šlosar (Brno)
Cornelia Soldat (Berlin)
Gunter Spieß (Cottbus)
Marko Stabej (Ljubljana)
Jörg Stadelbauer (Freiburg)
Ksenia Stanicka (Marburg)
Heini Staudinger (Wien)
Marc Stegherr (München)
Klaus Steinke (Erlangen-Nürnberg)
Ursula Stenzel (Brüssel)
Walter Maria Stojan (Wien)
Csaba Szabó (Budapest)
Armin Thurnherr (Wien)
Maria Todorova (Urbana)
Siegfried Tornow (Berlin)
Branko Tošović (Graz)
Jan Tyszkiewicz (Warschau †)
Przemysław Urbańczyk (Warschau)
Daniel Ursprung (Zürich)
Tivadar Vida (Budapest)
Sigrid Darinka Völkl (Innsbruck)
Margaretha Waschits (Eisenstadt)
George Lord Weidenfeld (London)
Lojze Wieser (Klagenfurt/Celovec)
Monika Wingender (Gießen)
Eberhard Winkler (München)
Larry Wolff (Boston)
Rolf Wörsdörfer (Frankfurt/Main)
Jerzy Wyrozumski (Krakau)
Hanna Zaremska (Warschau)
Małgorzata Zemła (München)
Anita Zemlyak (Wien)

DIE WIESER ENZYKLOPÄDIE DES EUROPÄISCHEN OSTENS

Die WIESER ENZYKLOPÄDIE DES EUROPÄISCHEN OSTENS (WEEO) wird das erste moderne wissenschaftliche Nachschlagewerk sein, das in anschaulicher Weise 21 ostmittel-, ost- und südosteuropäische Länder in ihrer Geschichte und Kultur beschreibt. Es lädt nach Jahrzehnten des Vergessens und Nichtwissens zur Entdeckung der Mitte, des Ostens und des Südostens Europas ein, um damit zu einer gemeinsamen Ankunft im neuen Europa beizutragen.

Die WEEO wird damit umfangreiches historisches, kulturelles und politisches Wissen über die andere Hälfte Europas verbreiten helfen – über Länder, die ein integrativer Bestandteil Europas sind und über die im Westen noch viel zu wenig bekannt ist. Die Enzyklopädie versteht sich als ein die herkömmliche Denkweise änderndes Informationswerk zugunsten des Prozesses der europäischen Integration und als ein gewichtiger Beitrag zur Völkerverständigung auf dem Weg zu einer erweiterten Europäischen Union.

Im Zusammenwirken von mehreren hundert Personen (Herausgeberinnen und Herausgeber, Fachberaterinnen und -berater, Autorinnen und Autoren, Expertinnen und Experten aus ganz Europa und aus Übersee) ist beabsichtigt, eine Enzyklopädie des europäischen Osten aus gesamteuropäischer Perspektive entstehen zu lassen, deren Leitgedanken aus einer historisch-anthropologischen Geschichts- und Kulturauffassung rühren. Im Mittelpunkt stehen die Fragen nach der Bedeutung politischer Ereignisse, kultureller Prozesse und ökonomischer Entwicklungen für die davon betroffenen Menschen und jene geschichtlichen, kulturellen und politischen Bereiche, an denen die ganze Breite menschlichen Lebens gezeigt und reflektiert werden kann. Es werden auf diese Weise die Grenzen zwischen den Zeiten und Ländern, aber auch den wissenschaftlichen Disziplinen aufgehoben und unabhängig von herkömmlichen Periodisierungen und Raumeinteilungen die Probleme des Umgangs der Menschen mit sich und der Gesellschaft thematisiert. Ziel ist eine auf den Menschen bezogene Enzyklopädie der Verständigung, in der Geschichte als offener Vorgang begriffen, die Brüchigkeit menschlichen Lebens erfahrbar gemacht und der Wille gestärkt wird, eigenverantwortlich Gegenwart und Zukunft im Interesse der Menschen zu gestalten.

Bereits erschienene Bände der WEEO:

WEEO Vorausband (1999)

WEEO Perspektivenband (2001)

WEEO Band 1.2
Slowakei
Geschichte – Theater – Musik – Sprache – Literatur –
Volkskultur – Bildende Kunst – Slowaken im Ausland – Film
Kulturgeschichte

WEEO Band 2.2
Die Geschichte der modernen Privatheit
Das Privatleben der Serben in der Habsburgermonarchie
vom Ausgang des 17. bis zum Beginn des 19. Jahrhunderts
Beiträge zur Kulturgeschichte der Serben
Verfasst von Miroslav Timotejević

WEEO Band 4.2
Makedonien
Beiträge zur Kulturgeschichte Nord Makedoniens
Verfasst von Wolf Oschlies

WEEO Band 9.1
Juden in Europa
Historische Skizzen aus zwei Jahrtausenden
Verfasst von Wolfgang Geier

WEEO Band 9.2
Roma im Osten Europas
Sozial- und kulturgeschichtliche Skizzen aus fünf Jahrhunderten
Verfasst von Wolfgang Geier

WEEO Band 10
Lexikon der Sprachen des europäischen Ostens
Herausgegeben von Miloš Okuka unter Mitwirkung von Gerald Krenn

WEEO Band 11
Europa und die Grenzen im Kopf
Herausgegeben von Karl Kaser, Dagmar Gramshammer-Hohl und Robert Pichler

WEEO Band 12
Kontinuitäten und Brüche: Lebensformen – Alteingesessene – Zuwanderer von 500 bis 1500
Herausgegeben von Karl Kaser, Dagmar Gramshammer-Hohl, Jan M. Piskorski und Elisabeth Vogel

WEEO Band 13.1 / 13.2
Der Limes. Von der Nordsee bis zum Schwarzen Meer.
Band I: Niedergermanien · Obergermanien · Rätien · Noricum
Band II: Pannonien · Mösien · Dakien
Verfasst von Marlies und Vojislav Vujović

WEEO Band 18
Selbstbild und Fremdbilder der Völker des europäischen Ostens
Herausgegeben von Karl Kaser und Martin Prochazka

WEEO Band 20.1
Östlich des 15. Längengrades
Essays zur Geschichte Ostmittel-, Ost- und Südeuropas
Verfasst von Wolfgang Geier

WEEO Band 20.2
Europäer und Russen
Wahrnehmungen aus einem Jahrtausend
Verfasst von Wolfgang Geier

WEEO Band 20.3
Südosteuropa
Kulturhistorische Skizzen
Verfasst von Wolfgang Geier

WEEO Band 20.4
Panslawismus
Verfasst von Wolfgang Geier

Die WEEO wird von der Handbibliothek der WEEO begleitet. In dieser Handbibliothek wird seltene und schwer zugängliche Literatur wieder aufgelegt. Bisher erschienen folgende Bände:

WEEO Handbibliothek Band 1
Anton Linhart:
Versuch einer Geschichte von Krain und den übrigen
Ländern der südlichen Slaven Österreichs
Band I

WEEO Handbibliothek Band 2
Anton Linhart:
Versuch einer Geschichte von Krain und den übrigen
Ländern der südlichen Slaven Österreichs
Band II

WEEO Handbibliothek Band 3
Paul Joseph Šaffařík:
Geschichte der slawischen Sprache und Literatur nach allen Mundarten

WEEO Handbibliothek Band 4
Paul Joseph Šaffařík:
Geschichte der südslawischen Literatur

WEEO Handbibliothek Band 5
Paul Joseph Šaffařík:
Geschichte des serbischen Schriftthums

Außerhalb der Reihe, aber als hervorragende Ergänzung zu Band 10 der WEEO *Lexikon der Sprachen des europäischen Ostens* erschien die zweibändige *Wieser Enzyklopädie der Sprachen des europäischen Westens*. In diesen drei epochalen Bänden werden erstmals alle autochthonen Sprachen Europas wissenschaftlich beschrieben und die europäische Vielfalt wissenschaftlich belegt.

Wieser Enzyklopädie der Sprachen des europäischen Westens
Erster Band A–I

Wieser Enzyklopädie der Sprachen des europäischen Westens
Zweiter Band J–Z

Herausgegeben von Ulrich Ammon und Harald Haarmann

www.wieser-verlag.com